Le guide décapant des parents imparfaits

PARENT SOLO

Sandrine Jacquemin · Camille Skrzynski
en collaboration avec
Candice Kornberg Anzel

MARABOUT

À mon amie Bibi, une femme en or qui mérite de passer du solo au duo, dans un océan de bonheur et d'amour.
Camille Skrzynski

À tous les parents solo et à leur bonheur.
Sandrine Jacquemin

SOMMAIRE

Quel type de parent solo imparfait êtes-vous ?

❑ La galère !
Alors je rame…

❑ Je m'en sors mais
ça relève de la survie !

❑ Je gère le quotidien
les doigts dans le nez !

Si vous avez coché la première case, lisez ce livre, vous vous sentirez compris et vous trouverez peut-être même des solutions pour arrêter de ramer !
Si vous avez coché la deuxième case,
c'est que vous êtes sur la bonne voie ! Ce livre fera le reste.
Si vous avez coché la dernière case, on vous félicite,
vous êtes un merveilleux parent solo imparfaitt !
Quoi que vous ayez coché, nous vous conseillons également d'investir dans les autres tomes de la collection des *Guides décapants des Parents Imparfaits*, qui font vraiment chouette sur une étagère de bibliothèque avec toutes ces jolies tranches colorées !

INTRODUCTION

Voilà, nous y sommes. Le grand enfant que nous demeurons est désormais parent. Ce bébé, nous l'avons rêvé, attendu, et parfois même idéalisé. Mais les plans ne se sont pas tout à fait déroulés comme nous l'avons imaginé et, désormais, il faut composer.

Car que ce soit un choix ou un coup du destin, nous avons tous un point en commun... nous sommes des parents solo, des parents warrior ; et le mot n'est pas trop fort eu égard aux nombreux obstacles qui se dressent, ou se sont dressés, sur notre chemin :

- surmonter un deuil, une séparation ou une trahison ;
- construire une harmonie familiale ;
- éduquer seul son enfant ;
- reconstruire sa vie affective ;
- conserver une vie sociale...

Les parents solo sont des jongleurs, des équilibristes, des contorsionnistes, des cascadeurs... Et, non, les parents solo ne sont pas des créatures bizarroïdes comme la société peut parfois nous le faire sentir. Nous avons seulement parfois besoin de compréhension, de réconfort et d'écoute.

Réaliser ce guide était un vrai challenge et l'occasion de recueillir les confidences de parents et d'enfants. Tous disent traverser des montagnes russes et prendre régulièrement un ascenseur émotionnel qui les fait passer d'une grande souffrance à d'immenses joies. Avec un peu de recul (parfois beaucoup), nous savons qu'être parent solo est une aventure difficile, mais exceptionnelle. Car c'est une chance de pouvoir vivre en accord avec soi-même, débarrassé de ses conflits intérieurs et extérieurs. C'est l'opportunité de décider et d'agir en écoutant ses propres envies, ses désirs, ses convictions et ses valeurs. C'est la possibilité d'être heureux, tout simplement, et c'est un beau modèle de bonheur pour notre enfant.

Bien entendu, nous avons conscience que chacun de vous a vécu une histoire différente et traîne ses traumatismes comme il le peut.

Ce guide s'adresse à tous ceux qui vont peut-être se séparer de leur conjoint et à tous ceux qui le sont déjà. Ce livre, nous l'espérons, vous aidera à surmonter ces moments de galère, en vous apportant quelques sourires et de bonnes petites astuces !

CHAPITRE 1

QUÈSACO, UN PARENT SOLO ?

Mais qui êtes-vous, hein ?

Nous allons vous apprendre un truc incroyable ! Figurez-vous qu'un parent solo, eh bien c'est avant tout UN parent avec son lot de questionnements : suis-je à la hauteur ? Comment éduquer mon enfant ? Comment concilier ma vie de famille et ma vie professionnelle ?...

Seulement, quand on est parent solo, on a tendance à se torturer (un peu plus) l'esprit et à dramatiser (très légèrement) la situation. Et si ce n'était pas « ça » le problème ? Trop penser, trop douter. Ne pourriez-vous pas relativiser un peu ? Allez, on vous embarque, bienvenue dans la communauté des parents solo !

— PARENT SOLO, —
c'est bien beau, mais qui êtes-vous, pour de vrai ?

Vous pensez que tous les parents solo sont les mêmes ?
Eh bien vous vous trompez. Chacun a sa propre histoire,
les situations amenant à la monoparentalité étant multiples :
divorce ou séparation, veuvage, éloignement géographique entraîné
par une situation professionnelle, choix d'avoir un enfant seul…

Voilà pourquoi vous méritez bien que l'on vous donne
des petits surnoms tout mignons.

LES PARENTS QUI ONT DES ENFANTS EN GARDE ALTERNÉE 50/50 : LES « MOITES/MOITES »

Particularités

• Ils ont survécu à une séparation de couple (et ce n'est pas rien, boudiou !).

• Ils sont amputés de leur enfant 50 % du temps.

• Ils sont parents à 100 % du temps les 50 % du temps restant.

• Ils passent donc 50 % de leur temps en mode célibataire qu'ils partagent à moitié entre fêtes et/ou de déprime et boulot à fond.

• Ils cherchent la perle rare et fuient les boulets.

• Ils traînent souvent les sacs de vêtements des enfants avec eux.

• Ils pratiquent couramment la gymnastique rythmique en maniant les emplois du temps.

• Ils acceptent que leur ado puisse débarquer sans prévenir parce qu'il s'est engueulé avec l'autre parent (pile poil au moment où vous êtes sur le point de conclure le coup du siècle).

• Ils gèrent la crise parce que « l'autre » veut récupérer l'enfant.

• Ils peuvent se décharger sur « l'autre » pour faire appliquer les règles.

• Euh… ils appliquent aussi les règles que « l'autre » n'applique pas.

LES PARENTS QUI ONT DES ENFANTS EN GARDE ALTERNÉE UN WEEK-END SUR DEUX : LES « MOITES WEEK-ENDS » ET LES « ALL WEEK »

En plus de certains cas énumérés chez les moites/moites :

Particularités des « all week »

• Ils gèrent TOUT (devoirs, activités, rendez-vous médecin...).

• Ils « s'assoient » bien souvent sur leur ambition professionnelle. (Et ce n'est pas normal !)

• Ils n'ont pas le temps d'avoir une vie affective et personnelle.

• Ils misent toute leur vie perso sur leurs deux week-ends par mois, mais sont tellement crevés qu'ils n'en font rien.

Particularités des « moites week-ends »

• Ils sont frustrés de ne pas voir suffisamment leurs enfants.

• Ils profitent à fond des enfants les deux week-ends par mois qu'ils ont.

• Ils ont des méga-opportunités de vie affective et personnelle.

LES PARENTS SOLO SUITE AU DÉPART DU CONJOINT : LES « KOALAS »

• Ils doivent surmonter la peine et la souffrance du deuil d'une « famille classique ».

• Ils répondent aux 100 000 « pourquoi » du départ du papa/de la maman.

• Ils répondent aux 200 000 « pourquoi » de la société (« Il est où le papa /la maman? »).

• Ils n'ont pas de questions à se poser sur l'éducation, parce qu'ils ont bien le droit de faire ce qu'ils veulent.

• Ils galèrent pour trouver du temps pour eux.

• Ils peuvent traiter le conjoint de tous les noms (mais pas devant l'enfant).

LES PARENTS SOLO SUITE À UN DÉCÈS : LES « ANGES »

Nous n'aurons pas vocation à parler pour ces parents qui sont dans le deuil et la peine d'avoir perdu un alter ego. Toutefois, si ce livre peut vous permettre de trouver un peu de réconfort, quelques astuces et un sourire, alors nous en serons heureuses.

La vie est dure, la vie est cruelle, mais la vie mérite d'être vécue et à fond !

Nous vous faisons plein de bisous !

LES MAMANS QUI ONT FAIT APPEL À UNE PMA : LES « MAMANS SURICATES » OU « MAMANS OURSONNES »

- Elles ont souvent eu des pépins médicaux les poussant à prendre la décision d'avoir un enfant seules.

- Elles doivent affronter le regard des autres (tout le monde n'a pas la chance de réussir le « Grand Chelem » avant 40 ans).

- Elles répondent aux 300 000 « Où et qui est le papa ? »

- Et elles ont aussi toutes les particularités des parents koalas...

Je gère TOUT…
…ou presque !
PETIT PROUT
MAÔW !

LES CHIFFRES !

Les parents solo sont de plus en plus nombreux. Et ce qui est paradoxal, c'est qu'un parent solo se sent souvent seul, alors qu'il a statistiquement au moins quatre ou cinq parents solo dans son entourage. (Vous pourriez vous lancer dans le grand jeu « Trouver le parent solo », c'est un peu comme « Où est Charlie » !)

Pour vous aider à détecter des futurs amis parents solo, voici des indices :

• Il y a **2,6 millions** de familles monoparentales en France. On pourrait peut-être créer un méga-village de parents solo ?!

• **79 %** des cas arrivent suite à une séparation. Observez donc les crises entre couples, ça donne souvent de futurs parents solo.

• **87 %** sont des mamans élevant seules leur enfant. (Si vous voyez une autre maman systématiquement seule lors des événements d'école, n'hésitez pas à lui faire signe.)

• **80 %** des parents solo sont satisfaits de s'occuper seuls de leur enfant. C'est vrai que l'on ne s'embête pas avec des disputes sur l'éducation, du coup.

• **54 %** s'estiment fatigués. Ah bon ? Mais non, ça, c'est une légende !

• **50 %** estiment avoir le temps de rien. Mais rien, c'est déjà beaucoup !

• **75 %** des familles monoparentales s'infligent des restrictions budgétaires. Filez jouer au loto et à l'Euromillions® !

• **¼** des parents solo se disent en difficulté, dont **82 %** sont isolés et **79 %** reconnaissent avoir du mal à avoir une vie sociale.

LES WONDER-POUVOIRS
du parent solo (un bon bilan de compétences, en quelque sorte)

Tous les parents ont des superpouvoirs, c'est obligé. Sauf que le parent solo a deux fois plus de superpouvoirs (en fait, il n'a pas vraiment le choix...) !

- Il n'est jamais malade et, même HS il assure malgré tout.

- Il a quatre paires d'yeux : face avant, côté gauche, côté droit et face arrière.

- Il est multimétiers : comptable, femme de ménage, intendant, infirmier, cuisinier, médecin, confident, instit', éducateur en discipline positive...

- Il est toujours souriant et disponible.

Vous êtes probablement épuisé rien qu'en lisant la liste de vos superpouvoirs, ce qui veut dire aussi que vous ne pouvez pas tenir à ce rythme trop longtemps. Il va donc falloir vous ménager un peu, cher ami. Et c'est là que nous vous proposons une super-astuce, un outil qui marche vraiment.

Astuces

- Établissez la liste des choses que vous effectuez (rangement, câlins, courses, allées et venues pour les activités des enfants, etc.).

- Évaluez le nombre d'heures (par jour ou par semaine) pour chacune d'entre elles.

- Maintenant, vous allez construire une matrice, inspirée par une célèbre citation de Dwight D. Eisenhower (34e président des États-Unis, mais ça, vous le saviez !) : « Ce qui est important est rarement urgent et ce qui est urgent est rarement important. » Cet exercice vous permettra de donner des priorités à vos tâches.

- D'après la liste que vous avez établie, répartissez vos tâches en quatre parties afin de mieux les prioriser : « Urgentes et importantes », « Non urgentes, mais importantes », « Urgentes, mais non importantes », « Ni urgentes ni importantes ». Elle comprend quatre zones, l'idée étant de répertorier les tâches selon leur importance et leur urgence au sein de cette matrice.

Les différents métiers de parent solo

1.

2.

3.

4.

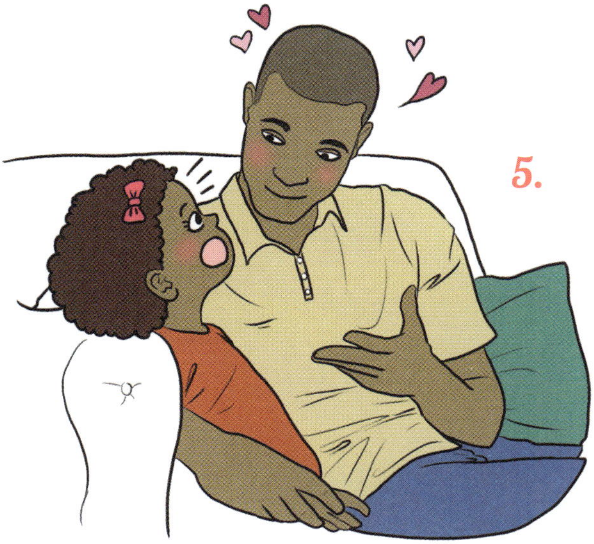

5.

6.

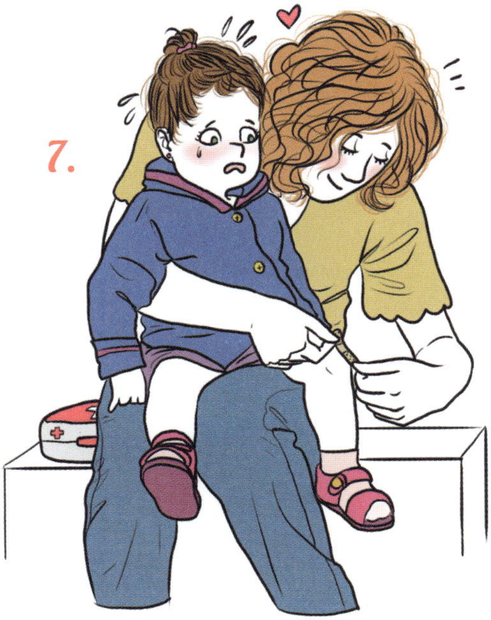

7.

8.

Réponses

1. Comptable. 2. Intendant. 3. Femme de ménage. 4. Cuisinier. 5. Psy/confident. 6. Médecin. 7. Infirmière. 8. Institutrice.

LE PANNEAU DES PARENTS SOLO

« Des fois, je t'envie d'être parent solo,
ça a un paquet d'avantages quand même…
Pas de gars/de femme à la maison.
Et quand tu n'as pas tes enfants,
tu as tout le temps pour toi… »

Citation anonyme

— LES ANGOISSES —
et les inquiétudes des parents solo

(Rassurez-vous, nous allons vous donner des outils pour les surmonter !)

Solitude, espoir, colère, désillusion, culpabilité, frustration, soucis financiers, disputes, deuil, douleur... Qu'on se le dise, si jeunesse rime avec insouciance, parent rime avec responsabilités. L'obligation de remplir un engagement, d'être garant de la bonne santé et de la bonne éducation de son enfant, peut rapidement être angoissant quand on est seul.

Or, comme le dit Françoise Dolto, « si l'enfant est élevé par une personne anxieuse, il se développe en lui un climat d'interdits constants à la liberté des manifestations de ses besoins, de ses plaisirs, de ses gestes et de ses initiatives... »

LA SOLITUDE

Être seul est probablement la chose la plus difficile à assumer pour tout être humain. Et lorsque l'on élève seul son ou ses enfant(s), c'est la panacée.

Gérer les enfants n'apporte aucun répit, il faut être sur le pont 24 heures/24, 7 jours/7. Le comble, c'est quand ils ne sont pas là (en garde alternée ou chez papi et mamie). C'est le moment où vous pensez que vous allez enfin pouvoir prendre soin de vous, souffler, mais au lieu de cela, un affreux vide vous envahit...

Tous les parents solo se sont un jour sentis... seuls. Et le meilleur moyen de lutter contre cette solitude est de créer des occasions de s'entourer, de se faire aider et pourquoi pas de commencer à pratiquer la méditation pour vous apporter un peu de bien-être. Ne pensez pas que vous dérangez en demandant de l'aide. Vous serez sans doute très surpris de rencontrer nombre d'âmes bienveillantes autour de vous.

LA PEUR DE NE PAS ÊTRE À LA HAUTEUR

Le parent solo peut avoir des crises de panique. Vous n'avez personne avec qui échanger sur l'éducation, personne pour entendre d'autres points de vue. Dans un couple, on dit qu'il y a toujours un parent plus permissif que l'autre, ce qui amène un juste milieu. Seul, le parent solo doit s'équilibrer lui-même, juger par lui-même ce qui lui paraît être dans les règles ou non.

Sachez que plus vous placerez la barre haut et plus vous penserez ne pas être à la hauteur. Donc allez-y mollo sur vos exigences et vos attentes... Là encore, établissez une petite liste des valeurs et des règles que vous ne souhaitez pas que votre enfant transgresse : politesse, respect, propreté, etc.

LE DEUIL

Il y a plusieurs types de deuils :

Le deuil du père ou de la mère de son enfant

Il n'y a rien de plus injuste que de perdre son alter ego, surtout quand il s'agit du père ou de la mère de son enfant. Vous portez en réalité plusieurs deuils, le vôtre et celui de votre enfant.

Vous devez faire le deuil de traverser à deux les étapes de la vie de votre enfant : les premières écorchures, l'entrée à l'école, les spectacles, etc. Et vous devez, en outre, accompagner votre petit dans son deuil, en utilisant les bons mots pour ne pas lui raconter d'« histoire » qui pourrait lui donner de faux espoirs...

Des phrases qui lui rappellent des moments passés peuvent permettre à l'enfant de garder en mémoire de précieux souvenirs et de se construire autour de l'identité du disparu : « Tu faisais plein de choses avec papa/maman. C'est vrai que maintenant, tu ne pourras plus le faire parce que papa/maman est mort(e). Mais tu pourras toujours penser à lui/elle, à toutes ces belles choses que vous faisiez ensemble ; elles seront toujours là, dans tes souvenirs et dans ton cœur. »

Le deuil d'élever son enfant à deux

Dès lors que l'on est séparé, quitté ou que l'on a décidé d'avoir seul son enfant, on fait forcément le deuil d'une famille « classique ». On est un peu (beaucoup) jugé par la société et on doit répondre aux questions que l'enfant se pose ou se posera naturellement.

Légitimement, vous pouvez angoisser eu égard à votre situation. Mais n'oubliez jamais :

- plus vite vous accepterez/assimilerez votre situation et plus simple ce sera aussi pour votre enfant ;

- il ne faut jamais mentir à un enfant qui a besoin de repères solides. Dites-lui la vérité en utilisant les mots adaptés à son âge.

Par ailleurs, une crainte revient souvent : « Et s'il m'arrive quelque chose, comment mon enfant va-t-il faire ? Qui prendra le relais, qui assurera son éducation ? » Cette angoisse est légitime, puisque nous ne sommes pas immortels, mais vous ne pouvez pas vivre en pensant sans cesse au pire. Le meilleur moyen d'y remédier est :

- d'apprendre à votre enfant à être le plus autonome possible ;

- de le confier régulièrement à des personnes de confiance (famille, marraine, parrain, etc.).

LA COLÈRE

Évidemment, un parent solo peut ressentir de la colère, et cette dernière peut être violente. Comment accepter d'avoir été trompé ou trahi ?

Malheureusement, le seul moyen, et nous savons combien il est difficile à atteindre, c'est d'accepter... Mais attention, acceptation ne veut pas dire renoncement. Il ne s'agit pas d'accepter ou de dire oui, il s'agit « seulement » d'accepter que la situation est telle qu'elle est. Ainsi, tentez de vous dire : « Oui, j'ai les nerfs, ça m'écœure, mais c'est comme ça. » (Vous pouvez alors accompagner cette phrase de la chanson des Rita Mitsouko C'est comme ça !)

LA CULPABILITÉ

Nous vous imaginons pousser un grand souffle en lisant ce mot : CULPABILITE. Car oui, un sentiment de culpabilité vous envahit parfois (voire souvent), car vous vous jugez coupable (de quoi, on se le demande) et à 99,9 %, vous avez tort !

Évidemment, vous pouvez vous sentir coupable à l'idée de :

- ne pas être une famille à part entière ;

- ne pas réussir à être assez présent pour vos enfants ;

- ne pas avoir réussi votre vie de couple ;

- ne pas avoir suffisamment de temps pour votre vie personnelle et/ou professionnelle.

Mais attention, car à terme, vous risquez de vouloir compenser ce sentiment de culpabilité en étant trop permissif avec votre enfant. Alors prenez un papier, écrivez en gros : « CULPABILITÉ, JE TE CHASSE ! »

LA FRUSTRATION

Connaissez-vous ce moment où vous aimeriez être sur une île déserte, juste pour pouvoir penser à vous et échapper aux demandes incessantes de vos enfants ? Oui ? C'est normal ! Pas de parent solo sans frustration. C'est un binôme obligatoire.

Pour la limiter, reprenez la liste de vos envies et obligez-vous à réaliser l'une d'entre elles dans un délai court.

LE STRESS FINANCIER

Les parents solo sont souvent dans une grande précarité financière. Ne pouvoir compter que sur soi-même augmente le niveau de stress. Lorsque l'on travaille (quand c'est possible), on gagne certes de l'argent, mais on ne passe pas assez de temps avec ses enfants. Lorsque l'on est à la maison, on aimerait travailler, mais les moyens de garde coûtent cher...

Il n'y a pas de solution idéale. Cependant, vous pouvez tenter deux choses :

Réduire vos dépenses en vous faisant aider

• Trouvez des parents solo pour échanger les gardes d'enfants.

• Demandez de l'aide aux organismes, associations, services municipaux, etc.

Augmenter vos revenus

• Trouvez des compléments de revenus en travaillant à domicile ! Beaucoup de sociétés cherchent des femmes pour organiser des réunions de vente à domicile (maquillage, vêtements, articles de cuisine, etc.).

• Louez votre voiture ou proposez du covoiturage.

• Louez votre maison, votre parking, etc. pendant vos vacances.

• Gardez un animal (une bonne occasion de satisfaire vos enfants).

• Proposez vos services pour organiser des ateliers de cuisine, des ateliers manuels pour les enfants, des cours particuliers, etc. (il faudra alors créer un statut d'autoentrepreneur).

#CulpabilitéJeTeChasse

— LES 10 PHRASES CULTES —
des parents solo

1 « Je n'ai que deux bras ! »
Si seulement je pouvais en commander d'autres !

2 « Mais pourquoi il tombe toujours malade quand il ne faut pas ?! »
Sous-entendu, il ne peut pas le faire chez l'autre ?

3 « Demande à papa/maman quand tu seras avec lui/elle. »
Réponse valable pour pléthores de questions : « Je peux avoir une console vidéo ? Je peux regarder la télé en mangeant ? »...

4 « Elles sont où tes baskets, ton short, etc. ? Chez papa/maman ? »
Évidemment, il y a sport le lendemain à l'école et les affaires sont restées chez papa/maman...

5 « T'as fait des devoirs chez papa/maman ? »
Ça m'arrangerait, tu n'imagines même pas !

6 « Tu pourras penser à dire à papa/maman de signer le mot ? »
Ça marche pour tout : payer la cantine, acheter des nouvelles chaussures, etc.

7 « T'as fait quoi, ce week-end ? »
Arrêtez de poser cette question qui reste toujours sans réponse...

8 « Tu feras quoi pendant les vacances avec papa/maman ? »
« ... suis sûre que nos vacances seront plus sympas... »

9 « Est-ce qu'il/elle est seul(e) papa/maman en ce moment ? »
À part ça, vous avez tourné la page...

10 « Je suis au BDR (au bout du rouleau). »
(Vous vous dites ça presque tous les jours...)

Dis papa, comment on fait les bébés ?
Euh... tu demanderas à ta mère quand tu retourneras chez elle !

TÉMOIGNAGES
de parents solo

Nous remercions ces parents qui ont accepté de témoigner.
Ils nous ont parlé avec franchise et émotion. Merci de leur confiance.

Béatrice, maman à plein temps d'une petite fille de 9 ans

Qu'avez-vous fait pour éviter les conflits lors de la séparation du couple ?

« J'ai toujours évité les disputes devant la petite pour lui éviter ce stress. Cela est bien sûr possible si l'autre est au moins d'accord sur ce point. Comme je savais que les enfants sont des éponges et que le non-verbal est ressenti, j'essayais au maximum de faire diversion, en sortant faire des loisirs avec elle par exemple. »

Avez-vous l'impression d'avoir plus de complicité avec votre enfant que si vous étiez en couple ? Si oui, pourquoi ?

« Oui, c'est certain qu'il y a plus de complicité en étant seul avec son enfant, car on s'occupe de tout, on est présent à chaque moment et on s'investit à 200 %. »

Ressentez-vous parfois l'absence du père ? Si oui, en quoi ?

« L'absence de l'autre parent est difficile pour l'enfant, car ils sont liés par des sentiments très forts et cette privation est incompréhensible et jugée injuste par l'enfant qui n'a pas eu son mot à dire. Après, si on parle d'aspects logistiques et matériels, bien sûr que l'aide du conjoint manque, mais ça concerne plus l'adulte. »

Emmanuelle, maman à plein temps d'une petite fille de 7 ans

En quoi est-ce difficile, d'être un parent solo ?

« Je suis maman solo par choix. Non que je ne souhaitais pas avoir de conjoint, mais j'étais seule au moment où j'avais un fort désir d'enfant.

Au début, ce qui a été difficile a été d'assumer ce choix dans un monde où il est encore "normal" pour un enfant d'avoir deux parents. L'assumer face à son enfant, sa famille, ses amis et plus largement la société. Ensuite, ce qui est dur, c'est de prendre les grandes décisions de la vie seule : déménagement, changement de travail, d'école, etc., de ne pas pouvoir échanger avec quelqu'un qui serait aussi responsable de l'enfant.

La vie quotidienne a aussi son lot de difficultés. Surtout au début. Après on s'habitue. Mais c'est fatigant. Il y a peu de répit, peu de temps pour soi. Tout est compliqué si on veut se distraire ou s'occuper de soi. On vit au rythme de son enfant. On compense sans cesse l'absence du père. Pour ne pas qu'il en souffre, pour ne pas qu'il se sente différent. Il faut tenir la maison, mais aussi jouer, bricoler, organiser des sorties... Bref, on est toujours dans l'équilibre. C'est pareil pour l'éducation : il faut toujours avoir les deux rôles, de la tendresse et de la sévérité. Il faut doser.

Pour finir, mais il ne faut pas y penser, c'est que deviendrait l'enfant si sa maman solo est malade, au chômage ou pire décède... »

Quels sont les avantages ?

« Clairement, le grand avantage, c'est de décider seule. Tout va plus vite. Pas de négociation, pas de compromis. L'échange que l'on n'a pas avec le conjoint se fait peu à peu avec l'enfant, qui est plus rapidement mature.

Avec un peu de recul, je m'aperçois qu'un enfant a plus besoin d'attention et d'amour que de conformité.

Ma fille ne se plaint pas de l'absence d'un père. Au contraire, elle se complaît dans cette relation où elle est le centre de ma vie. Je ne sais pas si sur le long terme, ce sera positif ou négatif. Je verrai comment elle réagit à l'adolescence, mais pour le moment, elle est heureuse et épanouie, plus que de nombreux enfants qui voient leurs parents se déchirer ou qui ont été abandonnés.

En résumé, si la maman solo est bien dans sa tête et ne ressent pas de manque, l'enfant aussi sera bien. »

Patrick, papa en garde alternée de trois enfants

Qu'est-ce qui a été le plus dur pour vous suite à la séparation ?

« J'ai eu le sentiment que la famille disparaissait. Même si j'avais encore mes enfants, mes parents, mon frère..., la famille que j'avais créée avec la mère de mes enfants avait éclaté, emportant tout sur son passage. Je me sentais seul. »

Avez-vous eu un sentiment de culpabilité par rapport à vos enfants ?

« Oui, et j'ai immédiatement pensé que mes enfants et mes petits-enfants n'allaient plus jamais connaître ce que moi j'ai vécu petit, les réunions de famille (Noël, mariages, baptêmes, etc.). »

Qu'est-ce qui vous a aidé à surmonter la difficulté d'être un père solo ?

« Ce sont mes enfants qui m'ont le plus soutenu, car paradoxalement, dans ce contexte de famille monoparentale, ils étaient solides... tout en étant évidemment fragiles. Mes parents aussi m'ont aidé à prendre du recul.

D'un point de vue personnel, un psychologue m'a permis de passer le cap du traumatisme et de la souffrance liés à la séparation, étape essentielle pour se mettre en situation de reconstruction personnelle, offrant la possibilité de rencontrer quelqu'un. »

Avec du recul, même si le divorce est évidemment un événement triste, pourriez-vous dire qu'il a aussi été une chance ?

« Dans ma famille, jamais un couple ne s'était séparé, si bien que mon divorce a représenté un saut dans l'inconnu. Entre autres opportunités, il m'a donné l'occasion d'avoir un vrai rôle de père. J'ai ainsi développé une grande complicité avec mes enfants. Sans le divorce, je n'aurais eu ni ce plaisir ni la fierté du rôle que j'ai joué pour eux. »

— TOP 13 —

des trucs pourris qu'on dit à un parent solo...

Quand on est parent solo, on en entend des vertes et des pas mûres..., de quoi refaire l'Encyclopédie Larousse ! Voici une petite sélection :

1 — « Ce n'est pas trop dur ? »
Non franchement, ça va, je dors 4 heures par nuit, mais je pète le feu !

2 — « Pourquoi vous êtes-vous séparés, si ce n'est pas indiscret ? Je ne vois jamais son père. »
Ben si, c'est indiscret, alors tu es gentil, évite de poser la question, hein.

3 — « Le pauvre petit, ça ne doit pas être facile tous les jours. »
Parce que tu crois que c'est mieux chez toi ?

4 — « Comment ça se passe, le système de garde ? »
J'en ai pour deux jours à t'expliquer, c'est bon pour toi ?

5 — « Et elle/il sait qui est son père ? »
Dark Vador, ça te va ?

6 — « Et vous vous entendez bien, avec le papa/la maman ? »
Super ! On se tape des bières tous les vendredis...

7 — « Ça doit être sympa, parfois, de ne plus être en couple. »
Dans deux ans max, cette personne est séparée.

8 — « Vous me donnerez des conseils si jamais ça m'arrive un jour de divorcer ? »
Dans six mois max, cette personne est séparée.

9 — « Tu as vu le dernier Klapish ? Tu as lu le dernier Marc Levy ? »
Mais oui, j'ai même vu en avant-première le dernier Tarantino...

10 — « Tu n'es pas fatigué(e), toi ? Moi je suis crevée en ce moment ! »
Comment te dire ? Je t'explique tout de suite ma vie, ou je repasse ?

11 — « On se prend un pot ce soir, tu viens ? »
Bien sûr, je fais un plateau TV au petit et j'arrive !

12 — « Tu es en retard. »
Entendre ça alors que tu cours depuis que tu t'es levé (5h45 du mat)...

13 — « Tu vas souvent chez le coiffeur ? Moi je n'ai jamais le temps. »
À ton avis... J'ai les racines visibles depuis six mois et les cheveux en pétard.

— LA JOURNÉE TYPE —

d'un parent solo (avant d'avoir lu ce livre...)

Le parent solo est un wonder-parent, du matin jusqu'au soir, jour et nuit...

Le parent solo ne compte pas son temps et tant mieux, parce qu'il n'en a plus...

6 H 00 Lever ou re-lever en fonction de la nuit...

Mieux vaut vous lever tôt pour disposer de la seule demi-heure de la journée vous permettant de vous habiller et peut-être de prendre un thé ou un café tranquille. (Sinon, vous seriez parti en pyjama...)

6 H 05 Imprévu n° 1

Qui débarque plus tôt que prévu ?! C'est votre adorable bambin qui devait dormir jusqu'à 7 heures, mais qui manifestement en a décidé autrement...

6 H 15 Vous êtes faible

Après avoir fourni le petit déj du petit et résisté aux 25 « J'peux regarder la télé ? », vous cédez et mettez les dessins animés. Faut bien l'occuper pendant que vous prenez votre douche, ben oui, vous êtes seul(e) pour l'occuper !

6 H 45 Seule pause détente de la journée

Ne vous emballez pas, c'est la base pour toute personne normalement constituée : une douche, les premiers habits qui vous viennent sous la main et la crème du jour sur votre peau (enfin, ça, c'est plutôt si vous êtes une maman).

7 H 15 La bataille pour l'habillage

Le p'tit refuse de s'habiller, opération jeu (qui vous rend débile) en passant les vêtements par la tête : « Coucou, maman/papa ! Elle/il est où, maman/papa ? » Le p'tit râle parce qu'il préfère les habits de chez papa/maman...

7 H 45 Mmmh la bonne odeur !

Vous êtes en nage et avez oublié de mettre du déodorant.

7 H 52 Imprévu n° 2

SMS du papa/de la maman : « Au fait, tu n'as pas oublié que Lulu a une sortie scolaire aujourd'hui ? Baskets et pique-nique obligatoires. »

7 H 55 SOS pique-nique et baskets

Plus de pain, tant pis, chips et jambon, ça ira bien... Mince, je n'ai pas les baskets, elles sont chez papa/maman ! Vous en avez bien des vieilles, mais il risque d'être serré là-dedans.

8 H 12 Départ école

Incroyable, vous êtes à l'heure et en plus, vous n'êtes même pas en pyjama. Après un gros bisou au p'tit, vous constatez avec horreur que vous avez oublié... son CARTABLE !!!

8 H 31 Retour école

Maintenant, vous sentez vraiment la transpiration et rencontrez la bombe de l'école, la maman qui est toujours au top. Elle vous rappelle que Lulu est invité à l'anniversaire de Jules, sauf que ça tombe un week-end où il est chez son père/sa mère. Va falloir composer !

9 H 15 la deuxième journée commence...

Arrivé(e) au boulot, vous êtes déjà mort(e). Après trois cafés, ça va (un peu) mieux.

12 H 30 Fausse pause déjeuner

Parce que vous arrivez le dernier et partez le premier, vous ne prenez pas de pause déjeuner. (Pourtant, vous bossez deux fois plus que vos collègues...)

17 H 30 Début de panique

Une réunion interminable s'est décidée à la dernière minute. Pas moyen de demander au père/à la mère de prendre Lulu, va falloir activer le SOS débrouille. Finalement, aucun plan pour prendre Lulu, va falloir demander à sortir de réunion...

18 H 45 L'affiche à l'école

Arrivée à l'école 15 minutes après la fermeture de l'accueil du soir. Pensez à prévoir un sacré budget cadeau pour la gardienne de l'école...

19 H 00 Pleurs de décharge

Vous n'en pouvez plus, mais le p'tit est encore plus au bout du rouleau que vous.

19 H 15 Routine du soir

Bain, repas (pâte et jambon, comme tous les soirs).

20 H 00 Libérééé(eee), délivré(eeeee) !

Euh, non en fait, le p'tit n'est finalement plus fatigué.

21 H 00 Libérééé(eee), délivré(eeeee) !

Après 24 « Maman/papa, j'veux faire pipi », « Maman/papa, j'ai soif », « Maman/papa, j'ai peur », vos jambes sont cassées. Si seulement vous pouviez apprendre au chat à vous seconder un peu...

21 H 10 Bérézina à la maison

Après un rapide coup d'œil dans la maison, vous constatez qu'il vous reste la table à débarrasser, le linge à étendre, les factures à payer, la litière du chat à nettoyer... Bref, ce n'est pas gagné.

23 H 17 Mon lit chéri ! Ah, non, imprévu n° 3

Moment tant attendu du coucher. Vous allez enfin pouvoir vous détendre en lisant, sans ronflements (c'est l'avantage d'être parent solo). Après trois mots, vous vous êtes endormi(e), puis réveillé(e) à 2 h 37 par le cri de Lulu qui a fait un cauchemar...

LES PARENTS SOLO STARS

*Il n'y a pas que vous qui êtes parent solo, les stars aussi.
Bon, il faut reconnaître qu'ils doivent avoir moins de difficultés que vous, parce que l'argent, ça aide un peu quand même !*

Il ne vous reste plus qu'à piocher dans la liste des parents célibataires solo, puis écrivez-nous si vous souhaitez être mis en contact avec l'un d'eux.

- Monica Cruz (la sœur de Penelope Cruz)
- Charlize Theron
- Sandra Bullock
- Linda Evangelista
- Sharon Stone
- Kelly Rutherford (*Gossip Girl*)
- Sheryl Crow
- January Jones (*Mad Men*)
- Lauryn Hill
- Meg Ryan
- Camille Lacourt
- Anthony Delon
- Ben Affleck
- Colin Farrell
- Sean Penn
- Brad Pitt
- Owen Wilson

PENSE-BÊTE

À imprimer ou recopier et à coller sur la porte des w.c., de l'entrée, du frigo, de votre chambre, de votre douche…

LE PANNEAU DES PARENTS SOLO

Chassez la perfection et la culpabilité.

Il n'y a pas de schéma familial idéal.

Soyez confiant.

Vous n'êtes jamais tout à fait seul, vous pouvez avoir de l'aide autour de vous.

Provoquez la chance.

Nous sommes les miroirs de nos enfants, autrement dit parent heureux = enfant heureux.

Soyez indulgent avec vous-même.

Vous n'êtes pas une « surfemme » ou un « surhomme », vous pouvez donc dévoiler vos peines et vos souffrances à vos enfants.

Ne réagissez pas à chaud face aux situations difficiles.

Sur le moment, on a toujours tendance à dramatiser les choses…

CHAPITRE 2

ASSAINISSEZ LE PASSÉ

chassez le négatif et allez de l'avant !

Non, nous ne sommes pas en train d'affirmer ceci : « Tous les parents solo sont des parents qui ont des soucis à régler. » C'est faux. Mais lorsqu'il s'agit d'assumer seul(e) la responsabilité parentale, par choix ou non, cela peut être un véritable séisme.

Si vous pensiez avoir bien préparé cette vie de parent solo, vous vous êtes sans doute rendu compte que vous avez sous-estimé l'ampleur du travail. Si vous avez été dans l'incapacité d'anticiper ce nouveau statut, tel un jeune nageur, vous tentez de survivre à la dureté de l'épreuve. Car l'une des tâches les plus ardues du parent solo est de ne pas subir son statut, pour vivre sereinement. Et nous allons tenter de vous donner quelques billes pour y arriver.

Si vous pensiez avoir bien préparé VOTRE vie de parent solo...

JE FAIS LE BILAN

Nous n'allons pas vous demander de faire une psychanalyse, mais pourquoi ne pas prendre cinq toutes petites minutes par jour pour méditer sur votre vie ? Vous êtes en train de franchir une étape, alors voilà une belle occasion de prendre rendez-vous avec vous-même...

Un travail très riche en découvertes !

Est-ce un choix ? Si oui, pourquoi ?

Répondre précisément à cette question est une belle occasion de vous « ancrer », de vous enraciner profondément dans le sol. Vous éviterez ainsi de vous faire chahuter par les autres et, accessoirement, lorsqu'arrivera ce moment où votre enfant vous demandera : « Dis, pourquoi tu as fait ça ? », vous aurez immédiatement toutes les réponses aux questions.

Dans le cas d'une séparation, qu'est-ce qui n'a pas fonctionné dans mon couple ? Quelle est la cause de cet échec ?

On peut toujours trouver la raison d'une séparation et en établir le coupable. L'histoire pourrait s'arrêter là.

Et pourtant ! Prendre le temps d'analyser les raisons et les comportements qui ont pu conduire à cette séparation peut vous aider à avancer et à ne pas reproduire ou subir de nouveaux échecs.

D'ailleurs, petite parenthèse sur le mot « échec ». L'échec peut être considéré comme négatif et déprimant si vous le subissez. Si vous prenez le temps de vous approprier cet échec, de le comprendre, vous le surmonterez et apprendrez.

Observez votre enfant. Nos bambins sont une excellente source d'enseignements ! Nos petits sont en perpétuel apprentissage. Ils essuient plusieurs échecs avant d'être en mesure de marcher, et chacune de leurs chutes est une étape constructive qui les amène au succès de leurs premiers pas.

Il/elle est parti(e) ? Qu'est-ce que je n'aimais pas chez lui/elle ?

Être quitté(e), surtout quand il y a un enfant, est vraiment traumatisant. L'événement est même parfois si violent qu'il nous est impossible de le comprendre. Une petite astuce pour ne pas pleurer son départ est d'énumérer tous ses défauts : ronflements, puanteur des pieds, mauvaise foi... Tous les coups sont permis !

Je reviens sur mon passé pour comprendre mon présent.

Vous avez certainement dû constater par vous-même que nous avons tous été marqués par quelques « petites » choses de notre enfance, que ce soient des événements positifs ou négatifs. Avez-vous remarqué que les joies et traumatismes de cette époque rejaillissent souvent lors de moments passés avec nos enfants ? Ces émotions peuvent guider nos comportements et rapidement nous submerger.

Faites un petit tableau des souvenirs que vous avez aimés et détestés et liez les émotions qu'ils vous procurent (tristesse, colère, frustration, etc.). Lorsque vous aurez finalisé ce travail, vous serez libéré d'un gros poids !

Je fais le point sur ce que je ne veux plus et sur ce que je désire.

Le changement de situation personnelle que vous opérez ou avez déjà opéré vous offre une formidable opportunité. Vous allez pouvoir vous recentrer sur vous et faire un point sur vos envies et vos besoins : d'un point de vue personnel, professionnel et familial.

Notez-les dans un petit cahier ou dans votre smartphone, car lorsque vous aurez des doutes, des coups de blues, vous les relirez. Vous verrez qu'ils vous donneront un sacré coup de boost, et l'envie de réaliser vos rêves.

Astuce

Collez sur votre frigo la citation qui vous inspire le plus et vous donne des ailes !

LE PANNEAU DES PARENTS SOLO

« La victimisation et la colère sont mauvaises conseillères »

Jane Nelsen

— COMMENT GÉRER AU MIEUX —
la séparation, le divorce, l'absence ?

99,9 % des parents solo pensent que la phase la plus problématique de leur vie a été la gestion de la « perte » du second parent.

Que l'on soit à l'origine de cette rupture ou non, il y a dans cette étape un affreux séisme, un mélange de désillusion, de tristesse, de trahison, d'incompréhension, de colère... Et, comme vous n'êtes pas seul, que vous êtes parents A DEUX et A VIE, pour le bien de votre ou vos enfant(s), il va falloir, malgré la tempête, tenir la barre du navire (et montrer un bel exemple de bienveillance à votre progéniture) !

Rappel

Ne demandez pas à votre enfant de transmettre des messages à son père ou à sa mère. Mettez-vous à sa place. Seriez-vous prêt à négocier à la place et à la demande de l'un de vos collègues son augmentation salariale ?

PENSEZ AVANT TOUT À VOTRE ENFANT ET FAITES PREUVE D'EMPATHIE

Votre enfant n'a pas frappé à la porte pour vous demander de naître, il est là et il est de votre responsabilité de lui permettre d'évoluer dans un environnement sain. (Au passage, vous y gagnerez, car un enfant serein = un climat familial paisible).

Faites donc preuve d'empathie, laissez votre enfant penser et agir comme un enfant. Ne le propulsez pas précocement dans votre monde d'adultes.

À SITUATION CONFLICTUELLE, COMMUNICATION SOMMAIRE

Si les relations sont mauvaises, ne communiquez que si la situation vous y oblige, car, sachez-le, toutes les discussions mèneront inéluctablement à un conflit.

Pour la pratique, voici quelques astuces :

Réfléchissez préalablement

- À l'écriture de votre message : est-il vraiment important et nécessaire ?

Séparez bien ce qui relève des affaires personnelles de ce qui relève du bien-être de votre enfant.

• Au but de ce message... l'affect gangrène toujours les relations.

Vous devez envoyer un message à votre ex pour qu'il récupère votre enfant à 16 heures ? Adressez un message court et cordial : « Bonjour, merci de récupérer Lou à la sortie de l'école à 16 heures aujourd'hui. »

Soyez précis(e) et bienveillant(e), quelle que soit l'attitude de votre interlocuteur

(Même si c'est un(e) abruti(e) fini(e), ne vous abaissez pas à devenir comme lui/elle.)

• « Je réclame quelque chose qui m'est dû, je suis ferme et poli(e). »

Ex. : « Nous étions convenus que les enfants seraient avec moi ce week-end, tu ne respectes pas ta parole. Désormais, nous saurons que tu n'es pas fiable... »

• « Je suis en demande de quelque chose, je suis cordial(e) et bienveillant(e), prêt(e) à me mettre en position de négociation. »

Ex. : « C'est l'anniversaire de Chloé jeudi, jour de ta garde. Peut-on envisager qu'elle passe une heure à mes côtés ? En retour si l'année prochaine son anniversaire a lieu un jour de ma garde, je suis prête évidemment à te la laisser une heure. »

Passez par des professionnels chaque fois que vous le pouvez (appli, médiateur, avocats...)

Votre message concerne un point de la séparation (questions financières, administrations, etc.) ? DÉLÉGUEZ ! Vous avez autour de vous des professionnels qui sont là pour vous aider (voir le dernier chapitre, « Les méga utiles », p. 119), alors faites appel à eux. Cela allégera considérablement la situation.

Même petit, votre enfant fait bien la part des choses

Si l'un des parents prend son enfant en otage, tentez le plus possible de vous dire que l'enfant est en capacité de raisonner par lui-même. Ainsi, et même si la tentation est grande, ne lui dites pas que sa mère ou son père est méchant(e).

Dites-lui simplement que l'attitude de son père ou de sa mère n'est ni adaptée ni conforme à ce qu'elle devrait être.

Par exemple :

- « Tu vois, c'est un peu comme si un copain refusait que tu joues avec un autre copain simplement parce qu'il est en colère. »

- « Papa/maman est en colère qu'on se soit séparés. Mais tu n'y es pour rien et ça va passer. »

« Il faut donner du temps au temps » (d'après la citation de ce bon vieux Don Quichotte de Cervantes).

- Le premier Noël

Peut-être avez-vous déjà vécu cet horrible instant, le premier Noël séparé(e) de votre enfant parce qu'il était chez son père/sa mère. Vous souhaitiez simplement l'avoir au téléphone, lui dire que vous pensez à lui, mais votre ex vous l'a refusé, juste pour vous punir, juste pour vous faire souffrir.

C'est terriblement injuste et traumatisant. Et le seul conseil que nous pouvons vous donner, même s'il est difficile à entendre, c'est de vous dire que ces périodes difficiles pourront se reproduire, mais passeront.

Nous savons à quel point il est insupportable d'accepter cette vérité et de devoir, encore et encore, s'armer de patience et encaisser. Mais nous vous garantissons que le temps apaisera les relations et que tout finira par se calmer.

#GestionDeLaSéparation

#ÉtapeDifficile

— PAGE POUBELLE ! —

Cochez toutes les émotions négatives qui vous viennent,
puis arrachez la page, froissez-la de toutes vos forces et jetez-la !

- **Colère**
- **Tristesse**
- **Vengeance**
- **Trahison**
- **Bout de nerfs**
- **Culpabilité**
- **Frustration**
- **...**

— REGARDS DE PROFESSIONNELS —

Nous avons trouvé intéressant de consulter deux professionnelles : une médiatrice et une avocate, qui nous ont apporté leurs regards sur ces séparations.

Aline Di Meglio, médiatrice familiale

Que ce soit dans dans le cadre d'une séparation, de la garde des enfants ou de l'évaluation d'une pension alimentaire pour les couples, la médiation familiale permet d'apaiser les conflits familiaux et de trouver des solutions permettant de renouer un dialogue familial constructif.

L'appel à un médiateur n'est pas obligatoire et il est tout à fait complémentaire avec le travail d'un avocat. La démarche peut être demandée par une des parties, les deux ou à la demande d'un juge.

D'après Aline Di Meglio, plus tôt on fait appel à un médiateur, plus vite le conflit peut être réglé. Elle constate bien souvent que les couples ne se comprennent plus, que les mots, souvent guidés par les traumatismes, appellent à la colère et l'incompréhension. Le médiateur tente de rétablir une communication non violente qui utilise le « j'aurai aimé que tu fasses » plutôt que le « tu aurais dû faire ».

Neutre et impartial, par définition, le médiateur est le tiers qui arrive au milieu du conflit et qu'il va tenter de dénouer.

Il peut également recevoir des enfants lorsque celui-ci le souhaite.

Maître Jessica Dana, avocat

Le recours à un avocat est presque obligatoire : pour acter le planning de garde alternée, définir la pension alimentaire et/ou la prestation compensatoire (dans le cadre du divorce), actes qui seront décidés par le juge….

Malheureusement l'appel à la justice peut mettre de l'huile sur le feu. Il faut fournir des témoignages de proches, transmettre des éléments pour défendre sa position au détriment parfois du bien-être des enfants… C'est pourquoi il est essentiel de bien choisir son avocat pour être en totale confiance avec lui et accepter les conseils juridiques qu'il vous apporte. Ils ont la visibilité nécessaire pour savoir comment présenter votre dossier et faire en sorte que votre enfant ne soit pas lésé.

Selon Me Dana, trop de parents confondent les rôles. Ça n'est pas parce qu'un homme a mal rempli sa fonction de mari, qu'il est un mauvais père. (et il en est ainsi pour la femme).

Sachez que la majorité des décisions du juge ne contenteront que très rarement les parents. Car, sauf consentement mutuel, dans une séparation, il n'y a que presque jamais de solution miracle…

TOP 5
des culpabilités de parents solo

Ils se sont bousculés au portillon pour entrer dans le top 5 !
Après plusieurs heures de débat, notre jury a fini par en sélectionner cinq...

1. « Je ne passe pas suffisamment de temps avec mon enfant. »

Certes, mais vous n'êtes pas le/la seul(e) à le penser. Même les parents en couple le disent. L'important n'est pas la quantité, mais la qualité.

2 « Je suis toujours débordé(e). »

Filez au chapitre 1 !

3 « Je suis vite énervé(e) et à bout de nerfs. »

Pratiquez un exercice simple et efficace : la RESPIRATION ! Inspirez et prenez le temps de sentir l'air s'engouffrer dans vos poumons puis se remplir dans le ventre. Puis expirez lentement comme pour chasser stress et fatigue. Vous pouvez même pratiquer cet exercice en famille, il sera salvateur pour tous.

4 « J'ai du mal à surmonter la séparation, le deuil, le divorce... »

N'hésitez pas à faire appel à une aide psychologique.

5 « Je m'en veux de faire subir cela à mon enfant. »

Le répéter sans cesse ne fera qu'empirer les choses. Si vous n'assumez pas votre nouveau statut, votre enfant pâtira lourdement de cette culpabilité.

Avant d'être séparée, j'étais déjà débordée...
Et maintenant, je suis ULTRA-débordée !!!
ouinn!
allô ?!...
tshh!

— ÉVALUEZ —
le degré de « chiantitude » de votre ex

Voici un florilège des petites attitudes bien insupportables de nos ex.
Pour chaque affirmation exacte, notez les points et additionnez-les.

- « Notre enfant revient systématiquement avec des vêtements sales et troués » = 2 points.

- « Mon ex refuse que j'appelle notre enfant pendant ses gardes » = 3 points.

- « Notre enfant ne me raconte rien de ses vacances ou de ses week-ends à la demande de sa mère/son père » = 3 points.

- « Mon ex me ramène systématiquement l'enfant avec du retard à la maison » = 3 points.

- « Mon ex ne fait jamais les devoirs avec son enfant » = 1 point.

- « Mon ex n'assure jamais aucun rendez-vous médical (médecins, dentiste, orthophoniste...) » = 2 points.

- « Mon ex ne paie pas la pension alimentaire » = 3 points.

- « Mon ex est odieux en privé avec moi et devient charmant en public » = 2 points.

- « Mon ex manipule nos amis et ma famille » = 2 points.

- « Mon ex fait les yeux doux à la maîtresse/au maître pour jouer le bon père/la bonne mère » = 1 point.

- « Mon ex refuse que je sois présent(e) à des événements auxquels participe notre enfant (spectacles, concerts, etc.) » = 3 points.

- « Mon ex achète notre enfant (cadeaux, voyages, argent de poche, etc.) » = 2 points.

- « Mon ex manipule notre enfant en faisant croire que je suis seul(e) responsable du divorce/de la séparation » = 3 points.

- « Mon ex prend notre enfant pour un facteur en lui demandant de me faire passer les messages » = 3 points.

Alors, combien de points avez-vous totalisés ?

Entre 0 et 10 points : êtes-vous sûr(e) d'être séparés ? Faites faire le test à votre ex, c'est peut-être vous qui remportez la palme de la « chiantitude » !

Entre 11 et 21 points : il faut le dire, votre ex est assez chiant. Mais le temps calmera les choses. Refaites le test régulièrement et savourez les progrès qu'il réalise.

Entre 22 et 33 points : c'est confirmé, c'est un(e) chieur/chieuse professionnel(le) ! Vous avez tiré le gros lot et, par bonheur, vous ne vivez plus ensemble. Achetez-vous un lot de boules antistress, vous en aurez besoin...

RÉPÉTEZ APRÈS MOI...

vos dix nouveaux mantras !

Voici un florilège des petites attitudes bien insupportables de nos ex. Pour chaque affirmation exacte, notez les points et additionnez-les.

1

« Je suis légitime pour éduquer mon enfant même si je suis seul(e). »

2

« Il vaut mieux être parent solo heureux que parent duo en crise. »

3

« Je n'ai pas raté ma vie, je suis en train de la vivre et j'en reprends le contrôle ! »

4

« J'expulse le négatif ! »

5

« Mon enfant est une force. »

6

« J'oublie les regards des autres (parents, grands-parents, etc.). »

7

« J'arrête de ressasser, car ça ne me fait pas avancer. »

8

« J'ai le droit et l'obligation d'avoir ma propre vie ! »

9

« Je n'ai pas fait des enfants pour moi. »

10

« Famille monoparentale, mais famille quand même ! »

LES 10 AVANTAGES
d'être parent solo

Vous broyez du noir ? Vous ne voyez que du négatif à votre situation ? Eh bien détrompez-vous, il y a aussi des avantages à être monoparent !

1 Pas de disputes sur l'éducation.
Vous faites bien ce que vous voulez, personne ne vous reprendra.

2 Pas de disputes tout court.
Plus d'engueulades pour savoir quel programme TV on regarde.

3 Pas de partage de câlins.
Ben oui, vous avez votre enfant rien que pour vous !

4 Vous êtes exempté(e) si vous ne pouvez/voulez pas aider pour les manifestations scolaires (kermesse, sorties scolaires, etc.).
« Ah, désolé(e), je n'ai personne pour faire garder mes enfants ! »

5 Vous êtes facilement excusable en cas de retard.
« Vous savez, je suis tout(e) seul(e) pour gérer, alors ce n'est pas simple ! »

6 Les défauts des enfants viennent forcément de l'autre !
« Ça ne vient pas de moi, ça, c'est forcément la faute de sa mère/son père. »

7 La phrase « Demande à maman/papa » peut être utilisée de façon illimitée.
« Tu veux une console de jeux ? Demande à papa. »

« Tu veux manger devant la télé ? Demande à maman »...

8 Quand on peut caser son enfant, on est libre à 100 %.
Yala ! À nous la vie de célibataire ! Ah, non, pardon, à nous la dispo à 100 % pour le boulot !

9 On décore son chez-soi comme on veut !
Personne ne viendra vous demander des explications si vous choisissez une peinture rose flashy !

10 Plus d'obligation de déjeuner le dimanche chez belle-maman !
Si ce n'est pas le bonheur, ça ?!

— LE JEU DE PISTE —
pour avoir une attitude optimiste

Tous les chemins mènent à « je vais y arriver, je suis au top »…

Reliez les problèmes aux solutions (plusieurs choix possibles)

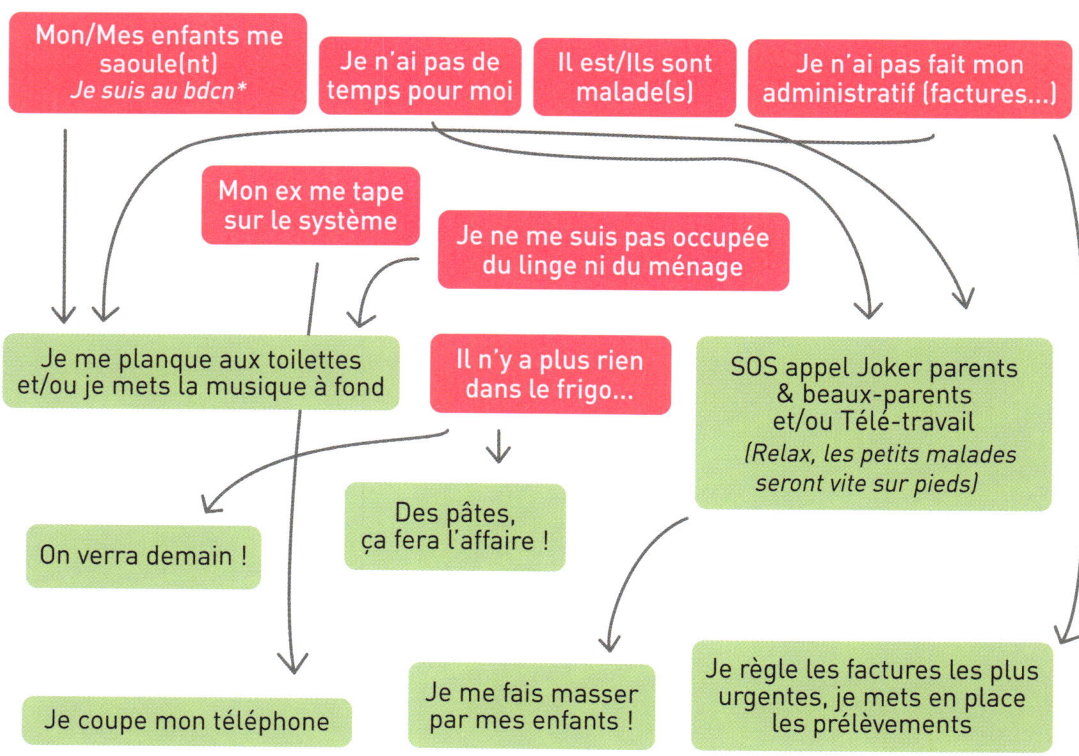

** Bord de la crise de nerfs*

CHECK-LIST
pour être un parent heureux !

À recopier cent fois...

1

Parent solo n'est pas une tare.

2

Parent solo est une chance de choisir une nouvelle vie.

3

Parent solo est aussi une opportunité de prendre conscience que nos enfants grandissent vite et qu'on a envie d'en profiter.

4

Parent solo n'est pas une fatalité ! Qui sait, d'autres horizons vous attendent dès demain !

5

Parent solo est aussi une chance pour nos enfants, à condition d'être positif et d'aller de l'avant.

CHAPITRE 3

AU SECOURS, À L'AIDE !

Apprendre à se faire aider et à s'organiser...

Gérer une maison à deux, c'est déjà un boulot à plein temps. Alors quand on est solo, surtout avec des enfants en bas âge, ça devient vite insupportable. Signer les cahiers, aider à faire les devoirs, faire les courses, le ménage, préparer le dîner, penser aux inscriptions au centre aéré, gérer les petits malades, épauler les enfants, être ferme, mais pas trop... Notre tête explose, on est en plein surmenage.

STOP !!! Quelqu'un aurait-il une méthode miracle ? Vous priez pour que l'on vous en donne une, hein ?!

Eh bien non, malheureusement, nous n'en avons pas, car elle n'existe pas. En revanche, nous avons peut-être quelques petits tuyaux qui peuvent vous faciliter la vie.

— ORGANISEZ —
la vie de famille avec vos enfants

C'est génial, vous avez des enfants et ils peuvent vous servir !
Il suffit de leur faire un petit signe et de mettre en place
le CRJR. Hein ? Quoi ? On vous explique !

Communication

Même petit, un enfant comprend tout. Dites-lui que vous avez besoin de son soutien, que cela vous apportera du réconfort et un peu plus de temps pour être avec lui, il vous aidera avec grand plaisir !

Responsabilisation

Laissez votre enfant coopérer et prenez le temps de lui apprendre à exécuter les tâches. Évidemment, au début, il faudra un peu de patience et de temps, mais vous serez vite récompensé et il sera gratifié de recevoir votre confiance.

À l'inverse, ne le chargez pas trop en lui demandant de remplacer l'« absent » !

Jeu

Une des meilleures façons pour faire exécuter une tâche à son enfant est de la faire dans la bonne humeur et dans l'esprit de jeu. Vous pouvez vous donner un nom d'équipe, inventer des chorégraphies, mettre des musiques entraînantes, bref, détourner les corvées en un gros délire familial.

Récompense

Même si le travail n'est pas parfaitement exécuté, valorisez TOUTES les initiatives de votre enfant. Il ne s'agit pas de récompenser leur travail en lui offrant des cadeaux, mais de lui apprendre à se réjouir d'avoir réalisé une tâche : « Maintenant que la maison est propre, prenons un bon goûter et admirons le travail réalisé. »

Quand j'ai dit « la première habillée a gagné », j'ai oublié de préciser « s'habiller normalement » !

CONSERVEZ
une vie sociale !

Vous tiquez à la simple lecture du titre ? Nous comprenons... Parent solo et vie sociale ne s'accordent pas franchement, difficile de trouver du temps pour faire des rencontres, de laisser son enfant à une baby-sitter (si tant est qu'on ait le budget pour le faire). Mais si vous souhaitez obtenir de l'aide, il va falloir sortir de votre trou et aller la chercher ! Voici comment...

Les associations

Nous avons souvent des préjugés sur les associations : peur d'être sollicités, de tomber dans une machine politique, etc. C'est pourtant l'occasion de faire de belles rencontres, et en plus, c'est gratuit ! En vous inscrivant à des associations de parents d'élèves, vous aurez accès à un carnet d'adresses et à des informations sur l'organisation scolaire.

Les réseaux sociaux

Internet est un formidable outil de communication et d'entraide lorsqu'il est utilisé à bon escient. Afin d'en tirer pleinement profit, sélectionnez minutieusement les blogs et les pages Facebook. Par ailleurs, fuyez les commentaires négatifs, ne vous exposez pas, pour ne tirer que le meilleur et supprimer par la même occasion les pseudos amis nocifs !

Les invitations

Ouvrir votre maison est un bon moyen pour vos enfants de s'épanouir et pour vous de rencontrer des personnes. Pendant que vos enfants jouent, vous soufflez un peu. D'autant que l'on invitera certainement votre enfant en retour, ce qui vous donnera la possibilité d'avoir un peu de temps pour vous.

L'aide de l'entourage

Par pudeur, vous appréhendez de présenter votre situation aux autres, et c'est tout à fait compréhensible. Il n'est pas question de raconter votre vie personnelle à l'ensemble de la planète, mais seulement à des gens de confiance (école, crèche, travail, voisinage...). Vous verrez comme on peut être épaté par la générosité des gens.

RIP

MA VIE DE FÊTARD(E)

— LES CONSEILS —
pour rester parents à deux...

... ou, si cela n'est pas possible, comment bien vous entourer pour avoir un peu d'aide.

Voilà une tâche bien compliquée à réaliser ! C'est presque aussi ardu que de franchir l'Everest, et pourtant... Même si le couple conjugal est dissolu, il faut rester un couple parental, pour le bien de l'enfant et aussi pour le vôtre. Guidé(e) légitimement par la colère, toutes les actions menées par votre ex vous sembleront mauvaises ou déplacées. Mais si vous réussissez à passer le cap, à vous comporter comme des adultes responsables, vous verrez qu'être parents à deux, c'est vraiment plus simple !

Communiquez autant que possible

Il faut à tout prix trouver le moyen de garder le contact (mails, SMS, téléphone, petit carnet de correspondance...). Il n'est pas question de vous raconter votre vie et de faire croire que vous êtes devenus les meilleurs amis de la Terre. Il s'agit seulement d'apporter chacun son regard bienveillant sur l'enfant : sa santé, son comportement, ses besoins, son éducation, ses besoins ou activités, etc.

Si vous n'avez aucun contact avec le père/la mère de votre enfant, faites-vous entourer par votre famille et vos amis. Soyez prêt(e) à entendre ce qu'ils ont à vous dire, ils sont souvent plus en capacité de prendre du recul que vous.

Élaborez un planning simple de garde

Vous êtes probablement passés par un juge pour établir, notamment, un planning de garde. Avec le temps, vous constaterez peut-être qu'il n'est pas bien adapté ou plus adapté si votre situation a évolué. Soyez honnête avec vous-même et votre enfant et adaptez parfaitement le planning à votre mode de vie. Il sera toujours préférable que votre enfant soit avec un de ses parents plutôt qu'avec une baby-sitter.

Si vous êtes seul(e), imposez également un planning en demandant de l'aide à vos parents, frères ou sœurs (un week-end ou une journée par mois). Votre enfant sera ravi de passer des moments en famille et vous en profiterez pour vous changer les idées.

Prenez des nouvelles de votre enfant quand il n'est pas avec vous

Beaucoup d'avis diffèrent sur ce point. Partons du fait qu'il faut être dans l'équilibre, ni trop présent, ni complètement absent. Si vous appelez sans cesse votre enfant, il ne pourra pas vivre pleinement son moment avec l'autre parent. Si vous ne l'appelez jamais, il pourra penser que vous ne pensez plus à lui.

L'art de la bonne communication dépendra aussi de vos relations avec votre ex et de l'âge de l'enfant. Plus il sera petit et plus vous devrez passer par votre ex pour prendre de ses nouvelles et communiquer avec lui. Si vous essuyez des refus, rien ne vous empêche de laisser des messages ou d'écrire. Quand bien même ceux-là ne seraient pas transmis, vous pourrez les présenter à votre enfant dès son retour chez vous.

À l'opposé, n'interdisez pas à l'autre parent de communiquer avec votre enfant pendant sa garde alternée. Soyez intelligent(e) et proposez à votre enfant d'appeler de temps à autre son autre parent.

Acceptez la nouvelle vie de votre ex

Même si cela vous est insupportable, la vie de votre ex ne vous regarde plus. Vous nous répondrez que oui, mais à partir du moment où votre enfant est avec son/sa nouveau(elle) partenaire, cela vous regarde. Et sauf si vous constatez des manquements graves, harcèlements ou, pire, violences sur votre enfant, vous ne pourrez pas faire grand-chose. Gardez bien le contact avec votre ex pour faire valoir, à deux, votre autorité parentale et, là encore, soyez à l'écoute de votre enfant.

Soyez en phase avec certaines règles d'éducation

Même si chaque parent a un style différent (et tant mieux, car c'est une belle richesse), certaines règles méritent d'être appliquées dans chacune des maisons. Trouvez un terrain d'entente sur quelques principes fondamentaux du quotidien : politesse, régularité du coucher et des horaires de repas, devoirs scolaires, etc.

Si votre enfant vit seul avec vous (sans présence d'un autre parent), il a besoin d'observer d'autres schémas familiaux. N'hésitez pas à accepter des invitations qu'il recevrait et même à l'envoyer en vacances chez des amis, pour qu'il puisse vivre « autre chose ». C'est une expérience intéressante pour vous et pour lui, l'occasion de prendre du recul sur votre éducation. En parlant de ce qu'il a vécu chez ses copains, votre enfant vous adressera des compliments ou des critiques, qu'il faudra être prêt(e) à entendre. Ces retours vous permettront de vous dire : « Finalement, je ne me débrouille pas trop mal » ou « Apparemment, mon enfant avait l'air d'apprécier ce moment, peut-être puis-je le mettre en place chez moi ? »

Soyez solidaires

Séparés ne veut pas dire que « chacun gère ses problèmes ». Vous pouvez aider l'autre lorsqu'il se trouve dans l'incapacité de gérer sa garde (réunion tardive, retard de transport, etc.). Et nous avons tous des impondérables, alors vous pourrez, vous aussi, demander de l'aide.

Si vous sentez que l'aide vient toujours de votre côté, resserrez doucement la vis.

Ne ballottez pas votre enfant comme un paquet lors des transitions

Évidemment, vous n'allez pas inviter votre ex à prendre l'apéro ou le thé... Mais si vous ne faites pas l'effort de prendre un petit temps pour soigner cette transition, comment voulez-vous que votre enfant soit serein et détendu ? Respirez profondément, soyez professionnel(le), cinq petites minutes de retenue, qu'est-ce donc à l'échelle de l'univers ?

P.-S. : et évitez de vous étriper devant l'enfant (vous serez libre de l'étriper dans vos pensées).

Soyez souriants et optimistes !

Vous êtes parents, c'est quand même le meilleur métier au monde !

LES ALIMENTS À AVOIR

dans sa cuisine pour faire des repas express

Pour alléger votre organisation, passez au maximum commande sur Internet et consommez également de bons produits surgelés, ils ont du bio de bonne qualité.

Par chance, les enfants ne s'attendent pas à des plats compliqués et sont fans de routines qui leur laissent de bons souvenirs.

Voici une liste des aliments indispensables qui vous simplifieront la vie.

Des pâtes

Nos meilleures amies sont les bonnes vieilles pâtes ! Et, contrairement à ce que l'on pense, les pâtes ne font pas grossir (surtout les pâtes complètes), c'est ce que l'on met dedans qui fait grossir.

Pour ne pas avoir l'impression de toujours manger la même chose, variez les plaisirs en les associant avec des légumes (tomates, petits pois, courgettes, etc.). Voici quelques idées de recettes :

- penne aux petites tomates et parmesan ;
- farfalle aux petits pois et dés de jambon ;
- tagliatelles aux courgettes et mozzarella.

Jambon, saucisses, steak haché

N'abusez pas trop de la viande, vos enfants en mangent déjà beaucoup à l'école, pas besoin d'en rajouter ! Mais pour le plaisir, trois fois par semaine :

- croque-monsieur du dimanche soir (avec du pain complet) ;
- hot-dog ;
- le fameux steak haché-frites.

Des œufs

Les enfants raffolent de bons œufs à la coque avec des mouillettes ou de bonnes omelettes fourre-tout. N'en donnez pas plus d'une fois par semaine.

Des conserves de petits pois, haricots verts, etc.

Les enfants en revanche ne raffolent pas de ces terribles aliments verts. Il faut faire preuve de ruse pour réussir à leur faire aimer (pardon, goûter). Voici quelques idées de recettes :

- lit de petits pois et œufs ;
- haricots verts façon carbonara.

Des surgelés de légumes

Notamment pour faire de bonnes soupes et purées.

Malgré les apparences, les soupes et les purées sont simplissimes à élaborer. La clé de la réussite est d'y mettre des légumes de qualité ET un cube de bouillon bio qui donne un excellent goût.

Faites de grosses quantités pour pouvoir surgeler vos plats maison.

Et du pain congelé pour faire des sandwichs, ça dépanne toujours !

TRUCS ET ASTUCES
pour éviter le burn-out parental

- Je fixe les limites (avec bienveillance) avec le père/la mère de mon enfant et je n'y déroge pas !

- Je mets la maîtresse/le maître et la nounou dans ma poche.

- Je note en rouge les rendez-vous importants et immanquables de mon enfant dans mon agenda (anniversaires, kermesse, spectacle de fin d'année, etc.).

- Je participe et/ou m'engage auprès des parents d'élèves.

- J'invite des enfants à la maison (les enfants jouent très bien ensemble et vous pouvez souffler) ainsi mes enfants seront aussi invités à leur tour.

- Je tente de mettre en place une journée de télétravail par semaine.

- Je crie dans un coussin, ça fait un bien fou !

- Je mets la musique à fond, ça défoule à mort !

- Je demande de l'aide à mon enfant, il sera ravi de le faire.

- Je me fais chouchouter par mon enfant (repas, massage, etc.).

- Je reste en pyjama toute la journée (pas tous les jours quand même, ça fait pagaille).

- Je mets en place un plateau-repas TV tous les quinze jours, c'est simple et ça fait plaisir à tout le monde.

- Je fais des échanges de garde avec les parents des copains de mon enfant. Si vous invitez des copains à la maison ou dépannez parfois certains parents en prenant leur enfant, ils seront prêts à prendre votre enfant quand vous en aurez besoin et cela vous permettra de souffler un peu !

- Je tente de me lever un tout petit plus tôt le matin (deux ou trois fois par semaine) pour être prêt(e) avant mon enfant et être disponible pour m'occuper seulement de lui ensuite.

- Pendant la pause déjeuner, j'en profite pour voir des amis ou faire du sport.

- En rentrant du travail, je consacre 10 à 15 minutes uniquement à mon enfant pour discuter de la journée et jouer...

- Je construis une cible anti-burn-out pour relâcher la pression :

Jeu de cible anti burn out

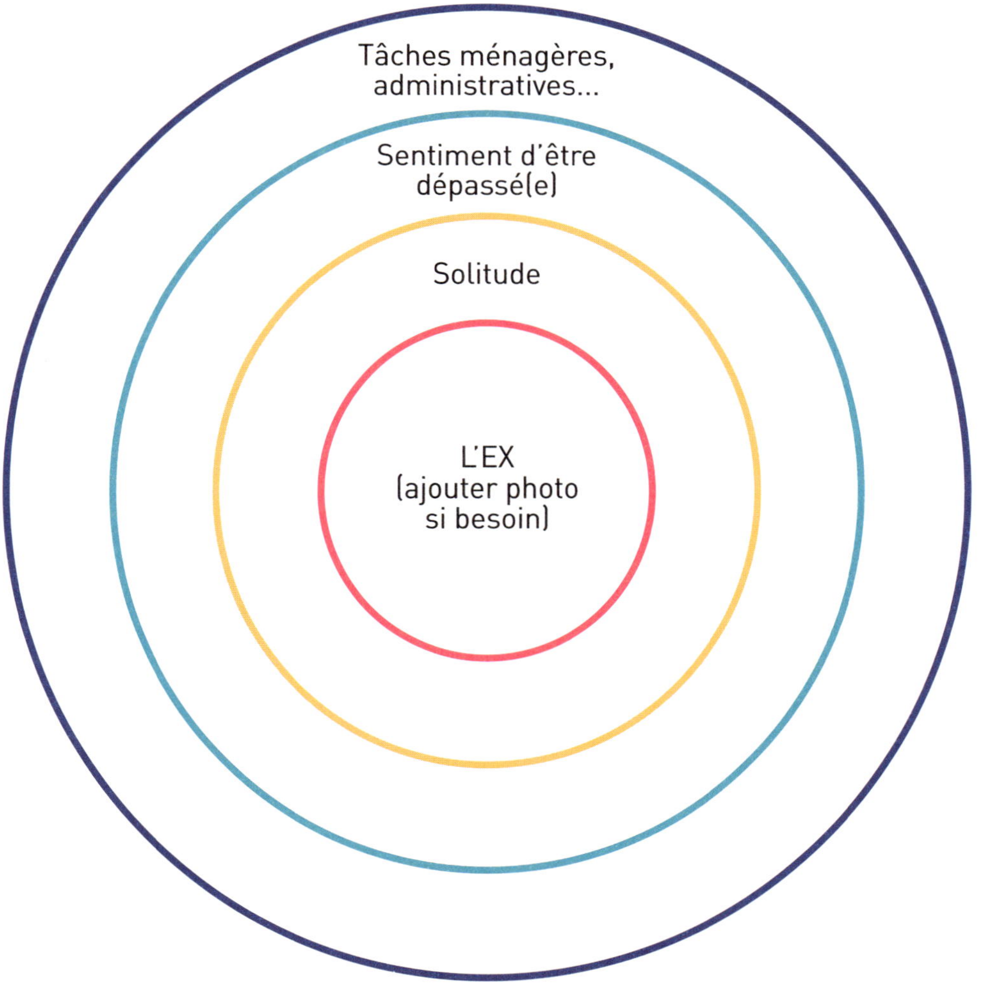

— INTERVIEW CHOC —

Angelina Jolie/Brad Pitt

On peut être beaux, riches et... séparés.

En exclusivité, nous avons obtenu les confidences de l'ancien couple mythique d'Hollywood, les « Brangelina ». Voici des révélations croustillantes sur LA séparation du siècle...

Angelina, qui a pris la décision de la séparation ?

Angelina : C'est Brad... Un matin, il m'a dit : « Je ne t'aime plus, tu sens mauvais de la bouche, je te quitte. »

Brad : C'est Angelina... Un matin, elle m'a dit : « Je ne t'aime plus, tu ronfles et tu pètes sans cesse, je te quitte. »

Comment avez-vous géré votre séparation ?

A.&B. : Comme dans le film Mr et Mrs Smith, avec des couteaux et des fusils chargés.

Comment s'organise le planning de garde ?

A. : Brad a les enfants un week-end sur deux. Je les récupère toujours avec des vêtements sales. Ils ont tout oublié, toutes les règles que je m'efforce de mettre en place ainsi que les notions de politesse, de propreté (aucune douche prise en 48 heures), et je ne parle pas même pas des devoirs...

B. : Les enfants arrivent toujours exténués de chez leur mère. Ils n'ont pas une minute à eux. Elle leur donne une éducation extrêmement stricte et les étouffe totalement. Ils n'ont qu'une idée en tête, c'est de se changer les idées et de vivre leur enfance.

Quel est votre remède miracle pour souffler ?

A. : J'adore partir avec ma caravane sur les routes californiennes.

B. : Des grandes séances de yoga et de la broderie, ça canalise mon énergie.

Avez-vous réussi à reconstruire une vie personnelle, depuis ?

A. : Je n'ai plus confiance en les hommes et je n'ai plus confiance en moi. J'espère que Brad restera seul aussi pour le restant de ses jours, je n'ai pas envie que mes enfants soient confiés à une belle-mère. Le pire, ça serait s'il se remettait avec cette Jennifer Aniston, quelle peste celle-là !

B. : J'ai une vie sociale très limitée, mais j'ai repris contact avec une de mes ex. Une certaine J.A. Nous envisageons d'avoir un enfant ensemble, mais pour le moment, c'est strictement confidentiel, elle est encore mariée de son côté...

LES 6 CLÉS
qui ouvrent les portes d'une maison organisée et zen

1

Ne cherchez pas à avoir une organisation parfaite.
La perfection, c'est grisant à mourir et en plus, ça n'existe pas.

2

« Qui ne tente rien n'a rien. » Alors n'hésitez pas à demander de l'aide auprès de tous (enfants, instituteurs, parents, associations, voisins, etc.) !

3

Prenez le temps de vous organiser. Posez-vous dix minutes par jour pour penser à ce qui est vraiment important à faire dans la journée.

4

Ne regrettez rien. Faites preuve de lucidité, prenez du recul.
On risque toujours de regretter les décisions prises à la hâte.

5

Soyez vous-même. La société et l'entourage nous poussent parfois à nous perdre et à ne plus être tout à fait la personne que l'on est réellement…

6

Soyez maître de votre vie. Prenez vos décisions vous-même, sans l'influence d'autrui.

CHAPITRE 4

ET MON ENFANT, DANS TOUT ÇA ?

Comment l'élever et arrêter de vouloir être un parent parfait

Le titre est un peu (beaucoup) provocateur... Évidemment que vous pensez à votre enfant, c'est même certainement obsessionnel. Soucieux de son bien-être, cherchant à tout prix à le préserver, vous êtes prêt à prendre tous les coups pour ne pas l'exposer davantage.

Oui, vous allez probablement devoir mettre votre enfant un peu plus à l'étude du soir et au centre aéré. Oui, votre niveau de vie ne vous permettra plus de l'inscrire à toutes les activités souhaitées (et on ne parle même pas des vacances). Sa vie va changer ou a changé, mais ce n'est pas dramatique. Il n'est pas seul à vivre cette situation. L'essentiel est que vous assumiez cette nouvelle vie et que vous l'aidiez à s'épanouir au mieux.

SENSIBLE À SON BIEN-ÊTRE, OUI.
Étouffant et parano, non !

Que l'on soit solo ou non, tout est question d'éducation.

Vous pensez qu'éducation et autorité sont de bons amis ? Eh bien non ! Le mot « éduquer » vient du latin *educare*, qui signifie « élever, conduire hors de ». Et la définition du Larousse est assez parlante : « Former quelqu'un en développant et en épanouissant sa personnalité. » Voici quelques pistes pour tendre vers cette belle mission...

Relativisez

Au moindre changement de comportement du bambin, le parent solo a tendance à devenir parano.

« Il est comme ça parce que je ne suis pas à la hauteur », « Que se passe-t-il chez son père/sa mère qui fait qu'il se comporte de la sorte ? », « Serait-il en manque d'amour ? » Les questions s'enchaînent et provoquent une réaction nucléaire. Mais détendez-vous, ce n'est pas parce que votre enfant est issu d'une famille monoparentale qu'il en est moins un enfant, avec ses doutes, ses essais et ses émotions.

Soyez honnête

La première urgence est de dire à votre enfant la vérité sur son « histoire ». Les secrets de famille et les non-dits sont autant d'épines qui enveniment son bien-être. Pour ne pas le brusquer, adaptez votre discours à son âge et choisissez les bons mots et supports. Vous pouvez par exemple utiliser des livres sur les séparations, communiquer avec des dessins ou raconter une histoire en utilisant son doudou ou sa poupée.

L'idée n'est pas de donner tous les détails, mais de nommer les choses telles qu'elles sont sans mentir et sans tricher. Si la vérité est difficile à entendre (ou à dire), procédez par étapes.

Déculpabilisez-le

Les enfants issus de familles monoparentales éprouvent, comme leur parent, ce sentiment de culpabilité. Alors que la majorité des enfants évoluent entre deux parents, votre petit se construit dans un environnement un peu différent. De ce constat germent plusieurs questions :

- « Suis-je à l'origine de cet état ? »

- « Vivant avec un seul parent, vais-je être assez aimé ? »

N'hésitez pas à lui rappeler régulièrement :

- qu'il n'y est pour rien ;

- que ce n'est pas une situation dramatique, mais au contraire riche d'expériences et de forces.

Entourez-le d'amour encore et toujours

Certaines évidences ne s'expriment pas toujours. La vie que vous menez ne laisse pas toujours le temps de dire « Je t'aime » à votre enfant ni de vous mettre en situation de l'entendre.

Avez-vous la possibilité de vous remémorer ces instants précieux où vous étiez saisi par l'amour de vos parents ? Un geste, un regard, un moment de partage... Pour un enfant, entendre un « Je t'aime » a parfois moins de valeur que de le sentir. Ainsi, enveloppez-le du mieux que vous pouvez en jouant, en laissant des petits mots, en le surprenant de toutes petites attentions... Autant d'amour qui restera à jamais gravé dans sa tête.

Communiquez-lui son planning

Votre enfant a besoin de repères, alors faites-lui un planning pour qu'il sache exactement quand il est avec papa/maman, ses grands-parents, tata/tonton ou une baby-sitter... Vous pouvez même établir un tableau ludique avec des photos et des images qu'il peut coller lui-même.

Impliquez-le dans les choix familiaux

Vous déménagez ? Vous voulez modifier la décoration de la maison ? Vous envisagez des vacances ? Vous êtes une famille, partagez donc ensemble tous ces projets.

Ne compensez pas

Nous aurons l'occasion d'en reparler plus tard, mais il est important que vous gardiez le cap sur l'éducation. Ce n'est pas parce que vous êtes parent solo que vous devez changer votre mode d'éducation. Ainsi, ne mettez pas tout sur le compte de la monoparentalité. Chassez les phrases du type : « Pauvre petit, il subit déjà cette situation »...

Fixez simplement des limites et apprenez-lui la frustration, puis faites-vous confiance ! Suivez votre intuition.

Maman, tu m'étouffes là !
Mais non, je t'entoure de tout mon amour !

Soyez attentif à son rythme

Les enfants de familles monoparentales sont généralement plus exposés à un rythme intense que les autres enfants. Ils sont plus souvent à l'étude et au centre aéré et, pour les couples séparés, passent d'une maison à une autre. Il est (dans la mesure du possible) important que vous vous adaptiez, en choisissant les meilleurs moments de transition entre parents (pas à 8 heures du matin, par exemple), un bon rythme de vacances (voir un peu plus loin), etc.

Soyez positif !

Parent positif, enfant positif ! Votre famille est riche d'expériences, d'émotions. Bannissez la négativité, utilisez des formulations positives. Évoluer dans une famille « différente » est aussi une chance : de mieux se connaître, d'être empathique, etc.

Écoutez-le

Vous nous direz que c'est « plus facile à dire qu'à faire »... Il faut pourtant trouver même 5 minutes par jour pour accueillir les émotions positives et négatives de la journée. Balayer un peu tous les jours évite les gros nettoyages qui au final prennent beaucoup plus de temps. Pour vous aider à trouver du temps, nous vous proposerons en fin de ce chapitre un petit outil miracle : la boîte à émotions.

Restez présent même quand vous êtes absent

Si vous sentez que votre enfant a besoin de vous parler quand il est chez son père/sa mère, maintenez le lien et acceptez la réciprocité. Ne le noyez pas non plus dans un flot de messages, mais un petit signe tous les trois, quatre jours suffit à le rassurer. Si votre ex refuse cette communication, rien ne vous empêche de glisser un petit papier dans la poche de votre enfant sur lequel vous aurez écrit : « Je t'aime. »

Rester positif !
Rester positif !
Rester positif !
Rester positif !
Rester positif !
Rester positif !

LE MÉMO DU PARENT SOLO

Vous trouverez ci-dessous une liste des qualités du parent solo et de phrases qui n'illustrent pas vraiment ces vertus… Nous vous laissons relier les cartes une à une.

Toute ressemblance avec des faits réels ne serait que pure et fortuite coïncidence…

1 BIENVEILLANCE

2 RESPECT

3 RESPONSABILITÉ

4 GRATITUDE

5 ÉPANOUISSEMENT

6 PARDON

7 MAÎTRISE DE SOI

8 RÊVE

9 DIGNITÉ

a) « Je n'en peux plus, tu peux faire ce que tu veux après tout… »

b) « Non tu ne pourras pas aller à l'anniversaire de Chloé, car il tombe un jour de ma garde et je n'ai pas envie de faire des kilomètres pour t'y emmener ! »

c) « Jamais je ne reparlerai à ton père/ta mère, il nous a fait trop de mal. »

d) « Ton père/ta mère ne pense jamais à cela, il/elle est vraiment nul(le). »

e) « Si je n'étais pas seul(e), nous pourrions faire ceci. »

f) « J'en ai marre de toi, c'est déjà bien compliqué d'être seul, n'en rajoute pas. »

g) « Oh non, tu me laisses tout(e) seul(e) ce week-end, ça va être l'horreur ! »

h) « Je ne supporte plus ton comportement, tu n'as qu'à aller vivre ailleurs ! »

i) « Je ne suis pas une bonne mère/un bon père. »

Réponses : 1b ; 2f ; 3a ; 4d ; 5g ; 6c ; 7h ; 8e ; 9i.

— TÉMOIGNAGES D'ENFANTS —
issus de familles monoparentales

Il ne nous a pas fallu aller bien loin pour chercher ces enfants qui ont vécu un divorce, une séparation ou une absence. Ils ressentent ipso facto plus de légitimité à parler de leur vie que les enfants issus de familles « classiques ». Tous ont immédiatement accepté de nous raconter une partie de leur vie, de nous apporter leur témoignage, dont ressortent une grande maturité et une envie commune de vivre dans la sérénité.

« Mes parents sont séparés depuis que j'ai 3 ans, alors je ne me souviens pas trop de la séparation. Ce que je n'aime pas dans la garde alternée, c'est de faire les transitions, quand papa ou maman me demande de penser à rapporter quelque chose. Ça m'agace. Sinon, j'aime bien avoir des demi-sœurs et frères, c'est chouette. Et même si mes parents sont séparés, je suis contente d'avoir des parents heureux. »

Eléa, 10 ans

« Lorsque j'étais petit, le plus difficile était de m'adapter aux différentes règles d'éducation de mes parents. Lorsque je faisais des bêtises, mon père me disait : "Baisse les yeux quand je te parle", alors que ma mère me disait : "Regarde-moi dans les yeux." »

Léo, 26 ans
(il n'y a pas d'âge pour récolter le témoignage d'un enfant)

« Le plus difficile, c'est le manque.
Quand je suis chez papa, maman me manque.
Quand je suis chez maman, papa me manque. »

Judith, 9 ans

LES ATTITUDES
qui pourrissent la vie des petits

Cacher sa peine

Vous revenez avec les yeux larmoyants, le nez rouge et la voix inondée de sanglots. Votre enfant vous regarde comme si vous étiez un animal errant. Vous répondez des tremollos dans la voix : « Mais tout va bien, mon chéri, maman a juste un petit rhume. »

Franchement, vous prendriez (un peu) votre enfant pour un imbécile ? Dites-lui simplement que vous êtes triste, c'est une émotion qu'il connaît aussi. En prime, vous aurez certainement le meilleur câlin réconfortant au monde.

Critiquer l'autre (le père/la mère, les beaux-parents)

C'est hypertentant, hyperjouissif parfois, mais, euh, en critiquant son autre parent, sa belle-famille, vous critiquez à moitié votre enfant…

Être négatif sur sa situation

Imaginez qu'un dépressif vous suive toute la journée… Ce serait bien insupportable, non ? Alors on arrête d'avoir les bras à la cave et on sourit !

Se dévaloriser devant son enfant

« Je n'y arrive pas », « Je ne suis pas capable »… Vous êtes son modèle, sa référence. Si vous manquez de confiance en vous, comment votre enfant pourra-t-il avoir confiance en lui ?

Si vous sentez que la situation vous échappe, prenez du recul, revoyez votre objectif, et votre jugement s'adaptera.

Demander à son enfant de faire l'intermédiaire

Le truc que quasiment tous les parents séparés font (si, si, allez, levez le doigt !), envoyer son enfant au front pour demander à l'ex de signer les papiers, de penser aux médicaments, etc.

Espionner son ex en posant des questions à son enfant

Même si votre enfant souhaite devenir détective, cessez de lui demander les faits et gestes de votre ex (achetez-lui un Cluedo®, c'est plus adapté). Surtout ne faites pas subir un interrogatoire sur ce qui s'est passé chez l'autre parent. Mais attention, cela ne veut pas dire qu'il faut s'en désintéresser. Si vous sentez une gêne chez votre enfant, vous pouvez simplement lui ouvrir la porte en lui parlant de ce que vous avez fait pendant son absence. Il s'ouvrira de lui-même, mais ne se sentira pas sous la contrainte. En retour, n'émettez pas de jugements ou de commentaires déplacés.

Ne pas être flexible sur l'emploi du temps et lui faire rater un anniversaire

Oui, c'est bien pénible de faire des kilomètres pour que son enfant puisse aller à l'anniversaire de Milo qui habite à 200 mètres de chez sa mère... Mais c'est tellement important pour lui ! Il a déjà deux maisons, ne l'obligez pas à avoir deux vies...

Ne pas l'autoriser à parler de l'absent

À cause de la colère et/ou de la tristesse, certains sujets sont complètement tabous. Et un enfant perçoit parfaitement ces malaises. Mettez-vous à sa place, c'est un peu comme si vous l'interdisiez de parler de sa meilleure copine ou de son meilleur à la maison. Imaginez la frustration que cela occasionne... Soyez compatissant, permettez-lui d'en parler !

Ne pas supporter qu'il ait besoin de voir d'autres grandes personnes que soi

Un enfant issu d'une famille monoparentale aura besoin d'un bon tissu familial et social. Il est important de garder le lien avec la belle-famille et, là encore, on ne vous demande pas de les inviter à dîner, mais de permettre à votre enfant de passer du temps elle.

L'étouffer

Un enfant a envie de rêver, de se libérer, de s'ennuyer. Ne lui sautez pas dessus dès qu'il revient du domicile de sa mère/son père (même si vous avez trop envie de lui faire des méga-bisous), il a besoin d'une petite période de transition (plus de trois secondes, sinon ça ne compte pas !). Oubliez également les « au revoir » déchirants, prévoyez-vous dans la foulée une activité sympathique pour surmonter le cap (manucure, massage, pot avec des amis...).

Vouloir être son pote

N'oubliez jamais que vous êtes son parent. Vous pouvez et devez avoir des moments de complicité ensemble, mais pas de copinage. Or la complicité entre un parent solo et son enfant peut parfois devenir trop fusionnelle. En grandissant, vous pourriez avoir la tentation d'adopter des comportements incompatibles avec votre rôle de parent (confidences sur votre vie intime, professionnelle, par exemple).

Il est primordial d'échanger avec son enfant tout en gardant sa position parentale. En pratique, n'utilisez pas les mots qu'utilise votre enfant (on évite le « mon boss m'a saoulé grave » ou « je l'ai spamé »).

Sortir des phrases blessantes (qu'on regrette vite)

Personne n'a encore inventé le « flash back life », cet outil miracle qui permettrait de revenir en arrière quand on a ripé... Alors, en attendant, évitez de regretter vos paroles et réfléchissez avant de sortir l'irrémédiable, du genre : « Si tu n'es pas content, va chez ton père/ta mère » ou « On dirait ton père/ta mère... »

Ne pas se préparer à entendre un jour...

C'est la phrase qui flingue. Des années et des années que vous prenez soin de votre enfant et paf ! Il la lâche comme ça et vous la sentez vous transpercer comme un poignard dans le dos... Alors le mieux, c'est de vous préparer en amont. D'autant plus que cette phrase cache de nombreuses significations. Votre enfant peut vouloir vous dire quelque chose : « Tu sais, je ne me sens pas bien ici » ou, plus simplement : « L'autre parent me manque. »

Et puis si vraiment il a envie d'aller chez son père/sa mère, ce sera aussi un moyen pour vous d'inverser les rôles, les devoirs, les rendez-vous médicaux... Vous aurez enfin du temps libre !

Cette page est volontairement blanche en hommage à tous ces parents solo qui ont survécu à leur séparation, et qui gèrent désormais leur quotidien familial tant bien que mal... malgré les coups de cafard, le sentiment de culpabilité ou la colère parfois, la fatigue et les maladresses, leurs imperfections et leurs doutes...

Marquons une pause silencieuse afin de saluer toute l'énergie qu'ils déploient dans l'incommensurable amour porté à leurs enfants.

— TEST —

Est-ce votre enfant qui a le plus besoin de vous ou vous qui avez le plus besoin de votre enfant ?

1 — Vous déposez votre enfant à la crèche ou à l'école.

A) Vous le couvrez de bisous jusqu'à ce que la grille se ferme.
B) Il s'accroche à votre jupe et crie : « Je veux rester avec toi !!!!!! »
C) Vous vous dites : « Yes, enfin une journée tranquille. »

2 — Il est invité à l'anniversaire d'un copain.

A) « Après tout, ce n'est pas un super-copain, il n'est pas obligé d'y aller. (En plus, ça me fera une dépense en moins.) »
B) Il s'accroche à votre jupe et crie : « Je veux rester avec toi !!!!!! » (Décidément…)
C) Vous en profitez pour réserver la manucure dont vous rêviez depuis six mois et arrivez une heure en retard pour récupérer votre enfant.

3 — Vous échangez avec d'autres parents sur la façon dont chacun éduque ses enfants…

A) Vous vantez les mérites de votre éducation : « Ah non, mais moi, je fais TOUT pour qu'il évolue vers le monde. »
B) Une des mamans vous lâche : « Tu sais, Rose, elle est souvent toute seule dans la cour de récréation. Elle a du mal à trouver des amis. »
C) Vous êtes ravi(e) de partager ce moment d'échange en n'hésitant pas à partager votre expérience tout en vous nourrissant des remarques d'autrui.

4 — Les prochaines vacances scolaires arrivent avec la perspective de devoir vous séparer de votre enfant…

A) Six mois avant, vous êtes déjà en mode panique et avez équipé votre enfant d'un GPS, d'un smartphone et d'un album de poche qui contient cinquante photos de vous.

B) Trois jours après la séparation, celui qui le garde craque et revient vous le déposer. Il pleure nuit et jour...
C) Après deux semaines de séparation, les retrouvailles sont magiques. Chacun raconte avec joie et bonne humeur ce qu'il a fait.

5 Les transitions de garde alternée, c'est plutôt :

A) Vous vous munissez de Kleenex®, c'est la déprime royale pendant toute la période de séparation, boulimie ou anorexie et port de lunettes noires obligatoires.
B) Le doudou de votre enfant est imbibé de votre parfum, il y a des photos de vous dans le sac à dos et il faut une bonne tronçonneuse pour le séparer de vous.
C) Après deux jours/une semaine de séparation, les retrouvailles sont magiques. Chacun raconte avec joie et bonne humeur ce qu'il a fait.

6 Quand votre enfant aura 20 ans...

A) Sa chambre n'aura pas changé, vous lui servirez toujours son bol de céréales préférées.
B) Il ne saura toujours pas s'habiller tout seul... et aura besoin de vous pour choisir ses vêtements.
C) Il sera parti de la maison depuis deux ans, mais reviendra avec plaisir pour se faire dorloter.

Résultats

Déjà, nous vous félicitons, car vous avez pris la peine de faire ce test dont l'objectif n'est pas de vous culpabiliser, mais de vous aider à ne pas entretenir de relations étouffantes avec votre enfant.

Vous avez un maximum de A : on ne vous fait pas de dessin, vous avez compris ? Voilà, voilà... Vous êtes un parent... fusionnel ! Vous ne pouvez (et ne voulez pas) vous séparer de votre enfant. C'est votre béquille, votre doudou, votre confident. Il va falloir que vous mettiez le holà pour son bien et le vôtre.

Dans le cadre d'une séparation récente, c'est souvent une attitude qui permet de se protéger du monde extérieur. Cette relation vous rassure et vous apporte du réconfort et, même si elle est compréhensible, il ne faut pas qu'elle perdure.

Et, si vous êtes dans cette situation depuis longtemps, l'idée n'est pas d'opérer une rupture cruelle, mais de permettre à chacun de s'épanouir pleinement. Tentez progressivement de laisser votre enfant chez des copains, dans la famille. Ce n'est pas parce que vous serez moins avec lui que vous l'aimerez moins !

Vous avez un maximum de B : votre enfant est accro... Si vous avez presque autant de A que de B, il est probable que votre enfant agisse aussi par mimétisme. Il ressent votre besoin d'être près de lui et vous copie. Dans ce cas, prévoyez dans la semaine une activité où chacun de vous sera seul. Par exemple, pendant que vous faites un cours de yoga, vous l'inscrivez à un cours de peinture.

Si vous n'êtes pas particulièrement collé à votre enfant mais qu'il a sans cesse besoin de votre présence, il s'agit probablement d'une angoisse qui l'obsède (peur de l'abandon, de vous perdre...). Pour comprendre exactement la source de ses angoisses, il faudra lui parler, trouver des histoires appropriées afin qu'il comprenne que ce n'est pas parce que vous n'êtes pas là que vous l'abandonnez ou ne l'aimez plus.

Vous avez un maximum de C : il semblerait que chacun s'épanouisse dans sa propre vie. Vous êtes à un état d'équilibre, ne changez rien et continuez à prendre soin de votre petit.

LE PANNEAU DES PARENTS SOLO

En hommage à tout ce que vous êtes, à tout ce que vous faites, nous vous avons préparé un petit message.

LE PARENT SOLO…

Supporte ses enfants 24 heures/24.

Mais se sent abandonné dès qu'ils ne sont plus là.

Cherche à être mère et père.

Et oublie d'être femme et homme.

Rêve de gagner au loto pour surmonter l'après-« 15 du mois ».

Apprécie d'être seul, mais voudrait être accompagné.

Prend des remarques du style « C'est pas trop dur ? »

Et répond dignement : « C'est juste un peu d'organisation. »

N'a pas toujours l'appui de ses parents.

Alors qu'il en aurait tant besoin.

Fuit son passé, subit son présent et ne pense même pas au futur.

Regarde des films d'amour, mais n'y croit plus trop.

Pleure souvent d'épuisement.

Mais retrouve de l'énergie au moindre sourire de son enfant.

Bref, le parent solo est un parent warrior, un parent en or !

— LES FLOPS —

des parents séparés

Quand on vit sous le même toit, c'est déjà compliqué de ne pas égarer certaines choses... Alors imaginez la panique lorsque les parents sont séparés ! Vous avez deux fois plus de chance de perdre et d'oublier des affaires chez l'autre parent...

- **Le passeport ou la carte d'identité**
- **Les baskets quand il y a sport à l'école (et qu'elles sont restées chez maman/papa). Ça marche aussi pour le maillot de bain...**
- **Les cahiers d'école**
- **Le maudit livre qu'il faut lire pendant les vacances**
- **Le cahier de correspondance**
- **Le doudou !**
- **Les cartes de fidélité (SNCF, Familles nombreuses...)**
- **Les cartons d'invitation aux anniversaires**
- **La veste d'hiver, l'imperméable, le gilet...**
- **Les médicaments quand bambin est malade**

#OhZutPasDeChance JaiOubliéMonCartable ChezPapa

— L'ALTERNATIVE —
à la garde alternée : le découpage « 2/2, 5/5 »

Lorsque les enfants sont petits, les parents peuvent avoir des *a priori* sur le principe d'une semaine sur deux. La séparation semble difficile pour l'enfant et éprouvante pour le parent. Évidemment, il existe beaucoup de découpages de garde, mais après plusieurs années d'application, nous pouvons dire que le découpage 2/2, 5/5 fonctionne assez bien.

Attention ! Le principe ne peut fonctionner que si les deux parents habitent l'un près de l'autre...

Le rythme est le suivant :

- l'enfant est chez le père (ou la mère) tous les lundis et mardis ;

- l'enfant est chez la mère (ou le père) tous les mercredis et jeudis ;

- l'enfant est en alternance du vendredi au lundi matin. Ainsi, les enfants sont SYSTEMATIQUEMENT un week-end sur deux chez l'un ou l'autre des parents.

Si l'enfant est encore petit et a davantage besoin de sa maman, il est possible de réduire la visite du père d'une journée par semaine, puis quand il est plus grand d'en ajouter une. Et si vous souhaitez avoir une garde totalement équitable, vous pouvez proposer que le mercredi soit un jour de garde alternatif.

LES AVANTAGES

Pour l'enfant

- Moins de tension : lorsque les parents n'ont pas une bonne relation, le découpage leur permet d'éviter de se croiser. Les échanges de garde se passent à l'école.

- Stabilité : l'enfant ne passe pas plus de cinq jours sans voir l'un des parents. Il aura ainsi de bons repères puisqu'il saura où il est le lundi et le mercredi.

- Sécurité : l'enfant profite autant de son père que de sa mère et il est minimum deux nuits par semaine avec l'un des parents.

• Régularité : la gestion des activités est très simple. C'est toujours le même parent qui gère (piano le lundi, judo le jeudi) ; un seul parent est responsable de telle ou telle activité ou tel ou tel programme scolaire.

Pour les parents

• Enfin un peu de temps libre… : vous pouvez vous inscrire à une activité !

• Du temps et de la sérénité dans votre vie professionnelle : lorsque vous n'avez pas votre enfant, vous pouvez aménager votre planning en prévoyant des déplacements professionnels.

• Vous profitez pleinement des enfants quand vous en avez la garde.

• Moins de conflits avec votre ex.

• Vous pouvez refaire votre vie affective plus facilement.

Évidemment, ce rythme est facile à mettre en œuvre pour un enfant qui n'est pas encore entré au collège. Car à partir de la période d'adolescence, il n'est pas rare de voir des enfants qui souhaitent changer leur mode de garde…

M	= Maman	P	= Papa

	Lundi	Mardi	Mercredi	Jeudi	Vendredi	Samedi	Dimanche
Semaine 1	M	M	M	P	P	P	P
Semaine 2	M	M	P	P	P	M	M
Semaine 3	M	M	M	P	P	P	P
Semaine 4	M	M	P	P	P	M	M

BON POUR

15 minutes de complicité
avec sa maman
ou son papa (massage,
câlin, histoire...).

* * *

Le paradoxe de la garde alternée

Je veux qu'ils revieeeeennent chez moi !!!
Bouhouuuuuuhouuu !

— LES OUTILS —
pour avoir un enfant épanoui

Les enfants sont friands de moments privilégiés avec leurs parents. La routine et le stress quotidien ne doivent pas vous voler ces instants de complicité qui permettent de rester en lien avec votre bambin.

• Lui glisser des petits mots doux dans les poches, sous la porte de sa chambre ou sous l'oreiller (« je t'aime », « j'ai besoin de te parler », « je suis là si tu veux », etc.).

• Pratiquer des massages avec de bons produits bio.

• Proposer régulièrement à son enfant de s'exprimer sur le divorce, la séparation ou le deuil en utilisant la magie des dessins, des histoires...

• Faire l'exercice du souffle à deux pour déstresser. Chacun met sa main sur son ventre et doit sentir la route de l'air dans son corps : bouche, poumons puis ventre !

• Renouer avec le fameux jeu « Action ou vérité » qui permet à chacun d'exprimer ses frustrations, colères, bons souvenirs, envies...

• Remplacer l'histoire du soir « classique » par des histoires que vous imaginez vous-même avec lui. Le protocole est le suivant : vous racontez le début d'une histoire, puis vous laissez votre enfant raconter une suite, puis c'est à votre tour, avant de laisser votre enfant la finir. Fous rires garantis.

• Dans des cas difficiles où l'enfant ne peut/veut plus parler, utiliser l'imaginaire et parler de situations vécues pour qu'il finisse par s'exprimer : « J'aimerais moi aussi que la situation soit différente, mais... » ou « Je comprends ce que tu ressens, quand j'étais petite, moi aussi je n'aimais pas cela... »

• Laisser des petits Post-it d'humeur ou de demande de service. Ça passe souvent mieux qu'avec des mots : « Merci de ranger le linge, mon cœur » ou « Ça m'aiderait si tu m'aidais à ranger le lave-vaisselle. »

• Partager des ressentis et des difficultés que l'on a surmontés petit. Vous n'imaginez pas à quel point cela le rassurera et lui donnera confiance en lui.

• Accueillir son opinion, ses remarques sur des sujets d'actualité ou des comportements d'autrui.

• Passer du temps ensemble. C'est souvent quand tout va bien que les enfants s'ouvrent !

• Faire des ateliers artistiques et sportifs.

Astuce : la boîte à émotions

Prenez une boîte (chaussures, paquet, etc.) et incisez le haut comme pour en faire une urne.

Placez-la dans un coin (si possible où il n'y a pas trop de passage) pour que chacun puisse y mettre un papier exprimant son humeur de la semaine (qu'elle soit positive ou négative).

Dans le week-end, autour d'un bon goûter, dépliez les petits papiers et communiquez. C'est une super-thérapie familiale !

LE TRADUC'ENFANT

Vous ne vous creuserez plus les méninges pour savoir ce que veulent dire ces petites phrases assassines que votre enfant sort de temps en temps... Nous avons la réponse !

• « Maman/Papa m'a offert ça, c'est troooop cool ! »
Il est plus gâté chez maman/papa.

• « Je veux vivre chez papa/maman. »
1. Y a un truc qui déraille chez vous.
2. Son papa/sa maman lui manque, tout simplement.

• « Papa a signé les devoirs ! »
Ne les regardez surtout pas, il y a trop des mauvaises notes.

• « De toute façon, tout ça, c'est ta faute ! »
1. Votre autorité, il se la met où il veut.
2. Faudrait lui expliquer comment vous en êtes arrivés là.

• « J'ai oublié de le dire à papa/maman... »
Il faudrait arrêter de le prendre pour un messager !

• « Pourquoi on ne parle jamais de papa ? »
Ouh là là, vous en avez pour quatre jours d'explications...

• « Je ne veux pas aller chez papa/maman ! »
1. Y a un problème chez papa/maman.
2. Il culpabilise à l'idée vous laisser seul(e).

LES FILMS DISNEY,

l'apologie des familles monoparentales

N'avez-vous jamais remarqué que la majorité des films Disney font abstraction complète de la maman ou exposent une situation familiale particulièrement dramatique ? Eh bien ce n'est pas un hasard !

Le créateur de Mickey, comblé par son succès, avait offert une maison à ses parents. Mais sa maman est tragiquement décédée à la suite à d'une fuite de gaz accidentelle dans cette maison. Walt Disney porta toute sa vie la culpabilité de sa disparition. Il en fit une telle obsession que la quasi-totalité de son œuvre cinématographique a souffert de l'absence de la mère.

Si vous sentez que votre enfant est affecté par le fait de ne pas vivre dans une famille « classique », n'hésitez pas à regarder ces films cultes avec lui et relevez au passage la particularité de ses héros. En voyant la fin, il positivera !

Voici des catégories pour que vous puissiez piocher dans celui qui convient le mieux à la situation :

Les orphelins enjoués et espiègles

Pinocchio et Linguini (*Ratatouille*), orphelins au caractère gai et gaffeur qui s'aventurent dans le monde adulte.

Les malmenés

Cendrillon et Blanche-Neige subissent les méchancetés de leurs belles-mères, tandis que Bambi doit survivre seul face aux dangers de la forêt après la mort de sa mère. Dumbo n'est pas en reste : arraché à sa mère, il devra affronter les moqueries de son entourage...

Les dévoués

Dans *La Belle et la Bête*, Belle vit avec son père qui est malade et mal en point. Même combat pour Jasmine (*Aladin*), qui a perdu sa mère jeune et est élevée par un père solo.

Les rebelles

Pocahontas et Ariel (*La Petite Sirène*) sont étouffées par les règles qu'imposent leurs pères. Elles enfreignent les lois pour gagner leur liberté.

Les maudits

Les deux sœurs Anna et Elsa (*La Reine des Neiges*) perdent leurs parents dans le naufrage d'un bateau et doivent apprendre à maîtriser leurs pouvoirs. Raiponce, quant à elle, est vouée à rester enfermée dans une tour par sa fausse mère qui l'a enlevée à ses parents biologiques...

Et enfin, le cas Peter Pan...

Vous avez une heure devant vous ? Le cas est assez compliqué, quand même. Bon, rapidement, Peter Pan est un enfant orphelin qui ne veut pas grandir. Il refuse que le temps ait une emprise sur lui et résiste à notre destin à tous, la mort. Il se mure dans un monde imaginaire. De ce personnage a été défini en 1983 le « syndrome de Peter Pan », qui touche ces enfants angoissés par l'idée de grandir ou ces adultes qui ne se sentent pas à l'aise dans le monde des adultes... On caractérise les Peter Pan comme étant égocentriques, immatures et parfois manipulateurs. Ces personnes sont dans le déni, refusent de voir la vérité et peuvent, si elles sont confrontées à leurs défauts, devenir violentes pour ne pas les entendre...

Bon, avec tout ça, il n'est pas certain que vous souhaitiez voir *Peter Pan* avec votre petit ! Au contraire, foncez ! Car les dessins animés sont de véritables thérapies qui nous permettent de nous réconcilier avec nos fantasmes et nos désirs. Ils libèrent notre inconscient et nous font un bien fou ! Alors filez mettre un DVD !

LE MÉMO MARGUERITE

Oui, c'est dur d'élever seul son enfant. Oui, on se met encore plus la pression quand on est seul à éduquer.

Mais voici une petite « marguerite mémo » qui (nous l'espérons) vous aidera à retrouver vos esprits ! Imprimez-la et, à chaque situation délicate, détachez progressivement les pétales pour surmonter la crise.

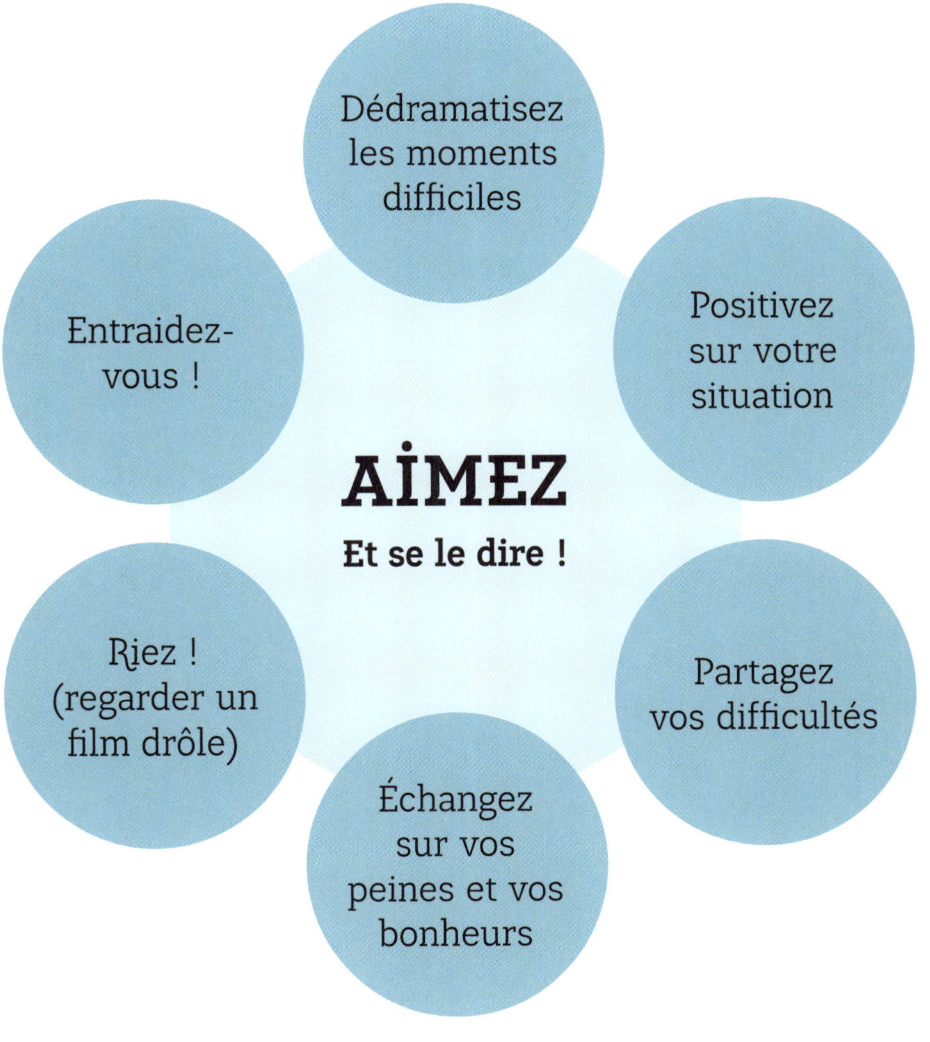

CHAPITRE 5

LA VIE PERSO

d'un parent solo

Ça n'est pas qu'un parent solo n'a pas de vie perso (quoique), mais c'est qu'elle passe souvent en second plan, après les enfants, le boulot, l'ex, les tâches ménagères, etc. Et c'est sans compter les freins psychologiques qui peuvent figer toute envie de reconquête. À juste titre, car après avoir surmonté ce dur sentiment d'échec, il faut reprendre confiance en soi et se donner les moyens de s'épanouir.

— LES OBSTACLES —
à franchir pour trouver du temps pour soi

C'est un peu comme si l'on devait courir un 110 mètres haies...
À la première barrière, on trébuche et on se dit que c'est impossible.
Oui, c'est dur d'avoir une vie perso et pourtant, c'est vital. Alors chaussez de bonnes baskets, votre coach va vous aider à surmonter ces obstacles !

Le temps

Trouver le temps... alors qu'il n'est pas extensible et qu'il ne le sera jamais ! Seule possibilité, mieux l'aménager.

• Faites une liste des choses que vous aimez et que vous avez envie de faire SEUL, sans votre enfant (revoir des amis, faire du sport, une manucure...).

• Reprenez l'outil du chapitre 1, la matrice d'Eisenhower. En supprimant des tâches non importantes et non urgentes (oui, d'accord, passer l'aspi tous les jours, c'est propre et beau, mais est-ce vraiment nécessaire ?), vous allez dégager des créneaux pour vous.

• Tenez-vous à ce rendez-vous avec vous-même ! Ne remettez pas sous prétexte qu'il y a les devoirs du petit ou parce que votre enfant ne veut pas. Il y a aura toujours des raisons d'annuler, et surtout de mauvaises raisons !

L'argent

Trouver l'argent... alors qu'il ne pousse pas et qu'il ne poussera jamais (et c'est bien dommage) sur les arbres. Là encore, il faut être réaliste. Nous aimerions tous passer une semaine de rêve dans un palace au bout du monde. Mais voilà, nous ne sommes pas millionnaires, donc pas en mesure d'assouvir cette superbe envie.

Le mieux est donc que vous établissiez un budget tenant compte des dépenses de toute la famille et de catégoriser vos différentes dépenses : les « obligatoires » (alimentation, logement, impôts...) et les « facultatives » (les petits plaisirs). Dans les facultatives, épluchez bien celles qui relèvent de votre enfant (manège, jouets...) et des vôtres. Avez-vous le sentiment que toutes ces dépenses sont nécessaires au bonheur de votre enfant ?

Sans couper le plaisir d'offrir des choses à votre bambin, peut-être pouvez-vous réduire certains cadeaux qui paraissent davantage combler quelque chose (votre culpabilité, votre absence...). Cette économie vous permettrait de prendre soin de vous et de votre enfant.

Pas ou peu de moyens de garde

Il n'est pas évident de s'accorder du temps lorsque l'on est un parent isolé, sans famille ou amis à proximité... Le moyen serait d'engager une baby-sitter, mais encore faut-il en avoir le budget !

Si ce n'est pas le cas, vous pouvez organiser des échanges d'invitations entre parents (« Peux-tu me garder Maxime mardi soir et en échange je peux garder Louis quand tu veux. »). Et/ou organisez des apéros dînatoires à la maison entre parents. Ça n'aura pas la prétention de vous faire sortir, mais au moins vous rencontrerez des amis.

La culpabilité

Flûte, la voilà de nouveau qui arrive ! Comment prendre du temps pour vous alors que vous avez l'impression de ne pas en accorder assez à votre enfant ? Dilemme compliqué... Et pourtant, si vous vous accordez quelques minuscules de répit pour vous changer les idées, il y a fort à parier que cette accalmie sera profitable à votre enfant : vous serez plus calme et plus posé.

Les ronchonnements de votre enfant

On entend par ronchonnement l'acte par lequel votre enfant pourrait manifester un quelconque mécontentement à l'idée de vous voir partir... surtout si vous n'avez pas habitué votre bambin petit. Il est légitime qu'il reste collé à votre jambe et dépose son amas de larmes et de morve sur votre joli pantalon noir. Il s'agit cependant d'un gros chantage auquel (plus facile à dire qu'à faire) il ne faut pas céder. Pour autant, il ne faut pas le traumatiser et le brusquer par une soudaine envie de liberté. Allez-y progressivement et laissez-le à des personnes en qui il a confiance (famille, parents de ses copains, etc.). Souvent, ce sont les premières minutes de la séparation qui posent problème. Ensuite, votre enfant passera vite à autre chose !

La fatigue

Il s'agit d'un obstacle majeur ! Comment pourriez-vous sortir alors que vous êtes épuisé ? Il n'est pas question d'enflammer votre corps jusqu'au bout de la nuit, mais seulement de vous changer les idées. Dans la fatigue des parents solo, il y a bien souvent plus de fatigue morale que physique. Prendre du temps pour vous vous donnera justement l'occasion de couper avec votre quotidien, de ne plus avoir d'autre préoccupation que votre bien-être.

Le sentiment d'être en marge de la société

Peut-être avez-vous vécu ce moment où, invité à une soirée ou à dîner chez des amis, vous ne vous êtes pas senti à votre place, simplement parce que vous êtes parent solo et célibataire. Les autres parlent de leur vie de couple ou de leur mode d'éducation, et vous vous sentez profondément perdu.

Difficile dans ces conditions d'accepter les prochaines invitations. Pourtant, vous pourriez au contraire tirer profit de votre situation. Sans tomber dans le « moi je suis le/la plus fort(e), j'arrive à tout faire ! », mettez en avant votre organisation et vos choix. Vous verrez que votre auditoire sera attentif à votre situation et parfois même un peu envieux... De quoi satisfaire votre ego !

LA GRILLE DE VOTRE AVENIR

Les trois premiers mots que vous trouverez résumeront les prochaines étapes de votre vie...

G	A	M	O	U	R	K	E	R	S	E	X	E
R	D	C	S	E	R	E	N	I	T	E	F	U
E	A	F	B	I	S	Q	U	A	N	S	I	A
C	T	U	E	V	A	C	A	N	C	E	S	R
O	R	N	B	E	A	M	I	T	I	E	O	G
N	A	X	E	X	E	S	P	O	I	R	I	E
S	V	L	O	I	S	I	R	S	C	R	U	N
T	A	I	F	U	P	R	O	J	E	T	R	T
R	I	A	P	E	R	O	T	O	L	H	I	W
U	L	U	M	A	T	E	R	N	I	T	E	I
C	O	Z	A	G	R	E	G	I	M	E	M	U
T	S	P	O	R	T	H	E	W	L	O	T	O
I	D	E	M	E	N	A	G	E	M	E	N	T
O	P	O	S	A	N	T	E	Y	E	N	I	N
N	U	F	O	R	M	A	T	I	O	N	R	E

COMMENT GUÉRIR
et reprendre confiance en soi ? Le chemin de la séduction

Vous aviez certainement envisagé les choses bien différemment avant d'avoir cet enfant. Les aléas de la vie perturbent quelque peu les plans, mais c'est aussi ce qui en fait son charme. D'autres voies vont s'ouvrir, il faut simplement être prêt à les explorer...

Vivez le présent et ne ressassez pas le passé

Oui, c'est vrai, vous ne vivez plus ou pas en couple. Cela vous mine et c'est compréhensible. Devez-vous pour autant rester sur cet « échec » ? La vie est plus belle lorsqu'on la vit, alors foncez !

Croyez en votre avenir

Ce n'est pas parce que vous avez trébuché une fois que vous allez retomber à chaque obstacle. Appliquez les conseils que vous prodiguez à votre enfant. Lorsqu'il tombe, vous lui redonnez la confiance nécessaire pour qu'il reparte de l'avant. Alors faites de même avec vous. Avec l'expérience que vous avez accumulée, vous êtes plus clairvoyant et à même d'anticiper plus facilement les embûches. Soyez confiant, l'avenir sera radieux !

Soignez votre apparence

Si vous vous négligez physiquement, votre moral en prendra un grand coup. Se regarder dans le miroir et admirer son apparence est le meilleur moyen de se faire du bien, et cela tient à de toutes petites choses. Il faut donc s'imposer une routine qui prend peu de temps et permet de se revigorer.

Si vous êtes une maman, un démaquillage flash tous les soirs et, fois par semaine un gommage et un masque du visage. Le matin, misez tout sur l'effet bonne mine grâce à une bonne crème hydratante (teintée l'hiver quand vous avez une mine de croque-mort), un blush léger et un léger coup de mascara. Montre en main, cela prend une minute ! Vous verrez que votre regard sur vous-même changera considérablement !

Bougez-vous les fesses !

Faire sept minutes de sport par jour permet de relâcher la pression. Si ce temps vous est vraiment compté (et nous le comprenons), réservez votre moment sportif un jour sur deux ou trois. Votre enfant sera ravi de vous accompagner au rythme d'une musique entraînante, tous les mouvements sont autorisés !

Libérez votre pouvoir de séduction

Ce n'est pas au temps passé devant le miroir que l'on mesure une beauté. Des automatismes simples et efficaces et une attitude positive suffisent :

- Ne vous mesurez pas aux autres. Ce n'est pas parce que l'on a les plus beaux vêtements que l'on est pour autant la plus belle ou le plus beau.

- Mettez vos qualités en avant. Vous aimez votre visage ? Soignez-le ! Vous avez de belles jambes ? Découvrez-les !

- Ouvrez-vous aux autres. Si vous fixez le sol et ne parlez à personne, comment voulez-vous que l'on vous regarde ?

- Ayez des pièces incontournables dans votre garde-robe. La petite robe noire est une pièce indispensable ! Associez-la très facilement à des pièces de couleur, aussi bien des chaussures que des bijoux. Pour les papas, une belle chemise blanche fait toujours de l'effet.

Suivez votre intuition

Vous vous sentez en confiance avec certaines personnes ? Organisez des goûters entre enfants et des apéros entre parents.

VIS MA VIE PERSO de parent solo (en lisant mes textos)

Si vous voulez que les autres comprennent rapidement ce que c'est qu'être parent solo, il suffit de leur laisser lire quelques SMS de votre téléphone !

SOS !!! Je n'arriverai jamais à l'heure à l'école, tu peux me prendre Maëlle ?

SMS envoyé 50 fois dans l'année à des parents « joker ».

J'ai une grippe d'enfer, tu peux m'amener... ?

SMS envoyé une fois en trois ans parce que même mort, un parent solo se lève.

C'est toi qui as l'invitation d'anniversaire de Manon ?

SMS envoyé trois à quatre fois dans l'année parce que le carton d'invitation est resté chez l'ex.

Help ! Judith a oublié son cahier chez toi !

SMS hebdomadaire, car le cahier est toujours chez l'ex...

Bien reçu l'invitation pour la soirée de samedi, mais, euh, comment dire, j'ai mes petits boulets d'enfants.

SMS de courtoisie adressé trois fois en trois mois, car jamais plus personne ne vous invite.

Louis ne pourra pas venir, il est avec son père/sa mère.

SMS envoyé une fois tous les quinze jours, les parents des copains ne comprennent rien à votre garde alternée ! (Et vous non plus d'ailleurs...)

Libérez votre pouvoir de séduction de parent solo imparfait

— LES INGRÉDIENTS —
pour rencontrer l'amour (quand on est parent solo)

Dans une casserole, mettez :

- 1 kg de confiance en soi ;
- 600 g de « j'y crois » (demandez à vos enfants, ils en ont beaucoup) ;
- 50 cl de répulsif à idiots ;
- 1 kg d'attrape-séduction ;
- 1 chien pour aller se balader et faire des rencontres (c'est un très bon plan) ;
- la liste des parents divorcés de l'école des enfants ;
- 10 tubes d'anticernes ;
- 10 g de levure d'énergie ;
- 1 super baby-sitter à vie, et une femme de ménage aussi ;
- 20 lingots d'or (pas facile à trouver) ;
- 1 fusée pour les déplacements rapides ;
- 1 parc d'attractions privé.

— LA FILMOGRAPHIE —
des parents solo

- ***Kramer contre Kramer*, 1979**

Un papa qui se retrouve seul à élever son enfant, devant concilier les tâches ménagères et son travail...

- ***Génial, mes parents divorcent !*, 1991**

La séparation vue par un enfant et son copain, entre positivisme et réalité !

- ***Celle que j'aime*, 2009**

Une mère divorcée vit en fusion totale avec son enfant de 10 ans, jusqu'au jour où celui-ci découvre subitement la présence d'un nouvel homme dans le lit de sa maman...

- ***Crazy, Stupid, Love*, 2011**

Tout allait bien pour ce père de famille jusqu'au jour où sa femme lui apprend qu'elle le trompe et le quitte. Après 25 ans de couple, il n'a plus aucune technique de séduction et il doit faire face à son propre fils qui, lui, est amoureux de sa baby-sitter... Rocambolesque !

- ***Casse-tête chinois*, 2013**

Un père se bat pour se rapprocher de ses enfants partis vivre chez leur mère à New York.

- ***Papa ou maman*, 2015**

Pas besoin de vous faire un tableau !

- ***Demain tout commence*, 2016**

Un père qui, du jour au lendemain, doit assumer son enfant. Une magnifique complicité.

- ***Jusqu'à la garde*, 2017**

Un enfant pris en otage par ses parents qui se déchirent sa garde et un juge qui doit prendre une lourde décision. Rude, mais perspicace !

- ***L'amour flou*, 2018**

Romane et Philippe se séparent. Ils ne s'aiment plus mais quand même un peu suffisamment pour vivre dans un appartement séparés mais communiquant!

- ***Nos batailles*, 2018**

Un père qui se démène au boulot pour combattre les injustices. Sa femme qui quitte le domicile. La bataille pour concilier éducation des enfants, vie de famille et activité professionnelle... et une belle prise de conscience...

BON POUR

une séance de chatouilles et guilis*

***

* Ce bon est multipliable par le nombre d'enfants qui ~~squattent~~ habitent sous votre toit.

— TEST —

Êtes-vous prêt à rencontrer quelqu'un ?

1 Votre rupture...

A) « Quelle rupture ? On vit encore ensemble. »

B) ... est en cours, même si c'est encore la guerre pour la garde des petits et la prestation compensatoire.

C) ... est finie, les rapports avec votre ex se limitent à l'éducation des enfants.

2 Un ami vous taquine en vous disant que vous ne cherchez pas, vous lui répondez :

A) « Je suis méga top tout(e) seul(e), mêle-toi de tes fesses. »

B) Vous improvisez une réponse en lui disant que vous avez une relation secrète avec le professeur de karaté de votre enfant.

C) Vous lui montrez votre agenda ponctué de rendez-vous perso.

3 Si vous êtes en recherche de l'amour, c'est à cause de (ou grâce à)...

A) ... vous, mais surtout pour énerver votre ex.

B) ... vos enfants, qui trouvent que vous êtes (un peu) sur les nerfs.

C) ... votre cœur, qui réclame un peu de douceur.

4 Le matin à l'école, c'est plutôt...

A) ... en mode toujours en retard, vous avez encore le bas du pyjama.

B) ... en mode méga incognito, lunettes de soleil, un bisou et hop !

C) ... le meilleur moment de la journée pour papoter avec d'autres parents.

5 De quand date la dernière sortie avec les amis ?

A) De 1980, quand vous portiez encore votre appareil dentaire.

B) Quand vous étiez encore en couple.

C) Au parc, quand vous suivez les exploits de votre enfant.

6 Quelle est votre équation du couple ? 1 + 1 = ?

A) 5, en comptant les enfants et le chat.

B) 1, parce que je ne peux compter que sur moi.

C) 2,5, parce que j'ai un chat.

7 Votre premier rendez-vous galant...

A) Vous racontez TOUT : les galères avec les enfants, les disputes avec votre ex et votre hantise des belles-mères.

B) Vous ne racontez RIEN : vous êtes sur votre téléphone toute la soirée et culpabilisez de ne pas être avec vos enfants.

C) Vous vous voyez déjà en couple.

8 — Que voyez-vous dans ce symbole O-O ?

A) Un papillon qui vole (filez droit chez le psy).
B) Votre enfant que vous tenez par la main.
C) Votre prochain couple qui se balade le long d'une plage paradisiaque, à moitié nu…

9 — Si jamais vous trouvez l'âme sœur, vous serez plutôt…

A) … dubitatif, la vie est compliquée.
B) … serein, pas de plan sur la comète.
C) … vivant, *carpe diem*, la vie est courte !

10 — Plus tard…

A) Vous serez vieux/vieille, c'est vraiment débile cette question.
B) Vous serez vieux/vieille et votre enfant sera toujours à la maison, façon *Tanguy*.
C) Vous serez à moitié vieux/vieille accompagnée d'un bel homme/d'une belle femme et de vos petits-enfants.

Résultats

Vous êtes impatient de découvrir les résultats de ce superbe test pour savoir où vous en êtes ?!

Si vous avez un maximum de réponses A : vous êtes en pleine séparation, c'est difficile, car vous n'en voyez pas le bout, mais courage ! Tentez de relativiser au maximum, de ne pas ressasser. Fixez-vous des objectifs personnels, le temps passe et les emmerdes aussi (relisez le chapitre 2) !

Si vous avez un maximum de réponses B : vous êtes en transition, la rupture sentimentale est faite, mais vous êtes, et nous le comprenons, encore très fusionnel avec votre enfant. Les couver, c'est bien, mais pensez aussi à vous, car un jour, vos petits poussins quitteront le nid.

Si vous avez un maximum de réponses C : vous êtes probablement séparés depuis plus de cinq ans et vos enfants ont pris leur envol. Vous avez eu votre lot de souffrances, et il était grand temps de penser enfin à vous. Foncez encore et toujours, la vie est belle !

LA JOURNÉE TYPE
d'un parent solo (après avoir lu ce livre...)

Nous n'aurons probablement pas réussi à changer votre vie, mais peut-être un peu la façon dont vous la remplissez. La vie est courte, chassez le négatif et le superflu !

Le parent solo ne compte pas son temps et tant mieux, parce qu'il n'en a plus...

7 H 00 Lever

Consultez la liste des tâches (essentielles) et des envies (réalisables) que vous avez élaborée la veille. Si votre enfant vous a réveillé la nuit sans cause précise, prenez 10 minutes ce soir pour en parler avec lui.

7 H 25 Réveil douceur de votre enfant

Dites-lui que vous l'aimez et que la vie est belle.

7 H 30 Encouragez son autonomie

Votre enfant prend son bol et tartine son pain, il est fier et vous vous libérez d'une tâche !

8 H 00 Imprévu n° 2

Vous constatez que les baskets sont restées chez son père. La colère monte, mais vous respirez profondément et lâchez prise. Après tout, est-ce que c'est si grave ?

8 H 05 Pensez à vous !

Vous confirmez la soirée avec votre ami malgré votre fatigue et le chantage affectif du petit. Cela vous fera le plus grand bien de ne penser qu'à vous !

8 H 12 Départ école

Vous rencontrez en chemin la maman de Jules à qui vous proposez un goûter samedi. Elle est ravie et invite en retour Gaspard le mercredi suivant. « Chouette, un après-midi de libre se profile ! »

9 H 00 Arrivée au boulot

On vous colle une réunion à 18 heures. L'angoisse monte puisque vous devez être à la sortie de l'étude à 18 h 45 max ? Vous prenez du recul et trouvez deux solutions :

1. Vous adressez un message pour demander à ce qu'elle soit reportée, car qui ne tente rien n'a rien !
ou
2. Vous demandez à un parent de prendre votre enfant à la sortie de l'école.

12 H 30 Pause déjeuner

Vous prenez le temps de déjeuner ou de faire du sport. Une pause à midi, c'est essentiel !

17 H 30 Imprévu n° 2

Comme d'habitude, votre collègue vous happe au moment où vous devez partir. Vous ne vous dégonflez pas et lui dites : « Désolé, je dois partir, j'ai mon enfant à récupérer. » (Et vous verrez que la Terre ne va pas s'arrêter de tourner.)

18 H 30 Arrivée à l'école

Vous êtes à l'heure à l'école ! Vous allez pouvoir passer 10 minutes à parler calmement de la journée et de la nuit dernière.

19 H 00 Arrivée de la baby-sitter

Vous lui déléguez TOUTES les tâches : préparation du repas, bain, lecture... Votre enfant s'accroche et refuse que vous partiez ? Ne lâchez pas, expliquez-lui que vous viendrez lui faire un gros bisou en rentrant. Donnez-lui un petit mouchoir avec l'odeur de votre parfum, ça marche bien !

19 H 30 Départ...

... avec la boule au ventre, qui disparaîtra bien vite à la première gorgée de vin.

20 H 00 La soirée commence

Profitezzzzz !

22 H 00 Un dernier verre

« Et après, j'arrête ! » (à consommer avec modération)

23 H 13 Retour à la maison

Les pas sont hésitants et le sourire niais. C'est normal, l'alcool et la fatigue font leurs effets. Demain sera rude, mais vous ne regrettez rien.

— LES 10 ERREURS —

à ne pas faire pour se donner les chances de rencontrer l'Amourrrr

1 Reporter quatre fois le rendez-vous. Parce qu'en fait, vous stressez à mort.

2 Parler de votre enfant 99 % du temps. Il/elle n'est pas venu(e) pour passer un entretien de candidature de baby-sitter.

3 Parler de votre enfant le 1 % du temps restant.

4 Parler de votre ex. Si vous le détestez, ce n'est pas rassurant. Si vous l'appréciez, il/elle va croire que vous l'aimez encore.

5 Trop picoler parce que vous avez envie de se lâcher. Même si ça fait juste six mois que vous n'êtes pas sorti.

6 Montrer vos vidéos de vacances. Surtout celle où vous faites une chorégraphie endiablée sur *La Reine des neiges*. Quoique… ça peut détendre l'atmosphère!

7 Parler de vos problèmes d'organisation, de temps et d'argent. Il/elle va croire que vous cherchez un intendant pour la maison.

8 L'inviter à la prochaine kermesse-spectacle d'école. On ne vous fait pas de dessin…

9 Pire, l'inviter dès le week-end suivant à la piscine avec les enfants. Les enfants pourraient le noyer en trois minutes.

10 Venir avec tous les signes de « je suis maman/papa » (tache de lait crachée sur l'épaule, tétine qui sort par mégarde du sac à main/de la poche, porte-clés photo de votre enfant…). Il/elle risque de croire que votre enfant dort avec vous.

LE PANNEAU DES PARENTS SOLO

« Je ne peux pas t'inviter à dîner

à la maison, tu es un(e) maman/papa solo. »

(*Tu es célibataire et trop joli(e),*

*ça pourrait mettre mon couple en danger…***)**

Citation anonyme

LES MÉGA UTILES !

SOS BUDGET

La galère pour un parent séparé, c'est de ne pas savoir comment finir ses fins de mois… dès le 10 du mois. Sachez qu'il existe des aides et qu'il ne faut pas hésiter à aller les réclamer.

Le manque de temps et la peur de devoir passer par un avocat (qui coûte cher) sont des obstacles que vous devez surmonter, la majorité des demandes pouvant désormais être faites sur Internet.

La pension alimentaire pour les parents séparés

(Cas classique où l'enfant a été reconnu par son père*.)

Vous trouverez beaucoup de livres et de sites internet qui vous donneront des informations et des conseils sur les prestations compensatoires. Nous ne détaillerons pas la procédure, mais nous vous donnerons simplement quelques astuces pour réussir au mieux à la calculer, la toucher et la faire réévaluer.

Pour rappel, la prestation (ou pension) alimentaire est une somme d'argent calculée et fixée par le juge (ou par consentement mutuel) au titre de la contribution à l'entretien et à l'éducation de l'enfant. Elle est versée au parent demandeur et est **exclusivement donnée pour le bien de l'enfant.**

C'est souvent une source de litiges. Pourquoi verser de l'argent à son ex alors que l'on est séparés ? Eh bien nous vous rappelons que vous êtes parents à deux ! Et la prestation en est un bel exemple… Cet argent ne sert pas à votre ex, mais bien aux besoins de votre enfant.

Comment la calculer ?

Vous pouvez vous référer aux sites officiels.

Pour avoir le barème https://www.justice.fr/simulateurs/pensions/bareme

et pour simuler un montant : https://www.service-public.fr/simulateur/calcul/pension-alimentaire

Peut-on demander la revalorisation ?

Oui, elle est revalorisée tous les ans en fonction du mode de calcul indiqué dans votre jugement (il s'agit souvent de l'indice des prix à la consommation).

Voici le site de l'Insee pour la recalculer : https://www.insee.fr/fr/information/1300608?cas=A

Que faire en cas de non-paiement ?
Si vraiment les discussions à l'amiable ne donnent rien, alors vous pouvez :

- adresser immédiatement une mise en demeure au parent débiteur par lettre recommandée avec avis de réception ;

- recourir à la CAF pour demander de récupérer les pensions indues. C'est une nouvelle mesure qui permet de récupérer la ou les pension(s) due(s) et même de pouvoir recevoir à titre d'avance une allocation de soutien familial (https://www.pension-alimentaire.caf.fr/fr/demande-aide-au-recouvrement) ;

- en dernier lieu, recourir à un huissier.

Si l'enfant n'a pas été reconnu par son père, il faudra intenter au préalable deux actions pour réclamer la pension :

- l'action aux fins de subsides par tout enfant naturel ;

- un test de paternité.

En contrepartie, le père avéré pourra demander un droit de visite et d'hébergement.

La prestation compensatoire

Elle ne peut être demandée que lorsque l'on a été marié. La prestation compensatoire efface les déséquilibres financiers causés par la séparation des ex-époux. La demande doit être faite au cours de la procédure de divorce par l'un des époux.

Pour plus d'infos : https://www.service-public.fr/particuliers/vosdroits/F1760.

Le RSA

Le Revenu de solidarité actif (RSA) peut être versé pour les parents isolés (célibataires, divorcés, séparés, veufs ayant des enfants à charge OU les femmes enceintes ne vivant pas en couple de manière déclarée et permanente et ne partageant pas les ressources. (Attention ! La séparation géographique d'un couple n'est pas une situation d'isolement.)

Simulateur pour calculer le RSA : www.caf.fr/allocataires/mes-services-en-ligne/faire-une-simulation

L'ASF

L'Allocation de soutien familial (ASF) peut être versée à la personne qui élève seule son enfant (l'autre parent ne participe plus à l'entretien **depuis au moins un mois**) ou pour lequel l'autre parent verse une pension alimentaire inférieure à 115,30 euros.

Pour plus d'infos : https://www.service-public.fr/particuliers/vosdroits/F815

La Paje

La Prestation d'accueil du jeune enfant (Paje) est réservée aux personnes qui disposent de faibles revenus. Elle est versée mensuellement à partir du premier mois de la naissance de l'enfant et pendant trois ans. En 2018, avec un enfant à charge, le plafond d'accès pour un parent isolé est de 45 666 euros.

Pour effectuer une simulation du montant : www.caf.fr/allocataires/mes-services-en-ligne/faire-une-simulation

L'ARS

Sous conditions de ressources, l'Allocation de rentrée scolaire (ARS) est versée aux familles ayant au moins un enfant scolarisé et âgé de 6 à 18 ans. L'ARS aide les familles à financer les dépenses de la rentrée scolaire. Le montant dépend de l'âge de l'enfant.

Pour plus d'infos : https://www.service-public.fr/particuliers/vosdroits/F1878

Le complément familial

Il s'agit d'une prestation sociale destinée aux ménages à faibles revenus, ayant au mois trois enfants à charge. Le montant de base du complément familial est de 170,71 euros par mois à compter du 1er avril 2018.

Pour plus d'infos : https://www.service-public.fr/particuliers/vosdroits/F13214

Services utiles

L'aide juridictionnelle, réservée aux personnes à faibles ressources, permet de bénéficier d'une prise en charge totale ou partielle par l'État (avocat, huissier...).

Pour plus d'infos : https://www.service-public.fr/particuliers/vosdroits/F18074

SOS ORGANISATION

Sélection d'outils pratiques pour mettre en place une organisation béton !

COOT : l'application mobile des parents séparés

Planning de garde, relevé des dépenses, partage de documents (passeport, carnet de santé, cartes de fidélité, etc.), tout est centralisé dans cette appli. C'est pratique et ça évite des échanges inutiles et des conflits sans fin avec son ex !

Hopways : le super-service de déplacement de vos enfants

Créé par une équipe de mamans, Hopways organise en toute confiance les déplacements quotidiens des enfants autour de l'école et des activités extrascolaires. De quoi retirer bien des soucis de gestion et, en plus, les prix sont abordables !

Sites et blogs de parents séparés

- *Gang de Parents solo* et *Gang de mamans solo* (Facebook)

Ce sont des groupes fermés d'entraide et de service limités strictement aux parents solo. Bienveillance et respect sont de mises.

- *Parent solo*, le site des familles monoparentales

Parent solo (www.parent-solo.fr) est un site d'actualités, d'informations et de services. Articles, renseignements juridiques, petites annonces, appels à témoins, etc., tout ce qu'il faut pour vous faciliter la vie de parent solo.

Les livres pour les petits... et les grands !

- *Les parents de Zoé divorcent*, Dominique de Saint-Mars et Serge Bloch, Calligram, « Max et Lili », 2004.

- *Les parents se séparent*, Catherine Dolto, Giboulées, 2008.

- *Chez Papa et chez Maman. Mes deux maisons*, Mélanie Walsh, Gallimard Jeunesse, 2012.

- *Je t'aime tous les jours*, Malika Doray, Didier Jeunesse, 2006.

ON VOUS SOUHAITE UN

RIP

MA VIE DE PARENT SOLO

CONCLUSION

En écrivant ce guide, nous avons réalisé qu'il y avait des possibilités d'aborder plus sereinement sa vie de parent solo et de prendre soin de soi. Lorsque nous avons la tête dans le guidon, que nous sommes dans le tunnel de la vie quotidienne, nous ne voyons plus les solutions qui s'offrent à nous. Nous espérons vous avoir donné quelques petites pistes !

Par ailleurs, quoi de mieux pour conclure ce livre que de partager ce superbe témoignage d'Amélie (35 ans), maman de Théo (9 ans), Jules (7 ans) et Noé (2 ans et demi), porteur d'espoir, de bonheur et d'amour :

« J'ai eu mon concours de professeur des écoles et j'ai eu mon affectation à 5 km de la maison. J'ai eu des moments très difficiles et je ne peux pas trouver les mots pour vous dire comme c'est bon, ce bonheur immense. J'ai l'impression d'être invincible, enfin, à ma place dans le monde. J'ai le sentiment que quoi qu'il se passe, ça va aller. Et pourtant, il y a deux ans, j'étais sous antidépresseurs, je ne croyais plus en moi, je pensais que mon monde s'était écroulé et que je ne m'en remettrais jamais. Alors pour tous ceux qui doutent, accrochez-vous. Ça en vaut la peine, et quel bel exemple à montrer à nos enfants. »

Remerciements des auteurs

Sandrine Jacquemin

À Eléa, ma grande fille qui a subi comme tant d'autres la séparation de ses parents. Je t'aime et te souhaite le meilleur pour accomplir tes projets de famille.

À mon magnifique époux. Grâce à toi, je réalise mes rêves, merci ! Je t'aime…

À ma Candice, qui m'a donné l'opportunité d'écrire ce livre. Merci de ta confiance et de ton amitié.

À Amélie, la super-flash correctrice, efficace et posée.

À Camille, pour l'ingéniosité et la finesse de ses illustrations.

À Anna, mon amie, qui m'a donné des conseils avisés sur ce projet.

À Valou, pour son énergie et sa bonne humeur.

À ma soeur et mon frère

À Béatrice, Emmanuelle, Lili, Anne des mamans formidables que j'aime et admire.

À Marie et mes beaux-enfants.

À Judith et Léo, pour leur témoignage.

À Ève, qui travaillait sur son manuscrit.

À Hélène, Maïwenn et Olivier, qui m'ont soutenue dans les horribles moments de solitude d'un parent solo.

À Caro, pour ta présence et ta complicité.

À Séraphie, Amélie, Laurent et Jean-Pierre…

À ma force de survie.

Et à tous les parents qui vivent une monoparentalité, vous êtes formidables !

Camille Skrzynski

Merci à mes enfants d'être l'essence de mon existence, de remplir ma vie, mes journées, mon cœur, mon panier à linge, mon lit par vos galipettes, les pièces de la maison par vos rires et vos jouets sur lesquels j'adooore marcher pieds nus !

Merci à mes frères et sœurs d'être des repères dans ma vie, de me soutenir à travers mes idées parfois un peu folles ou dans les mésaventures qui peuvent survenir sur mon chemin. Merci d'avoir été solidaires dans l'épreuve que nous venons de traverser, j'aurais été perdue sans vous.

Je sais qu'elle ne pourra jamais le lire, mais l'écrire me fait du bien, alors :
Merci à ma mère, d'avoir toujours cru en mon talent, d'avoir été si fière de mon travail, d'avoir fait de la pub pour mes livres auprès de tous les gens possible, jusqu'aux dernières semaines de ta vie, jusqu'aux infirmières qui venaient te soigner, même si j'aurais souhaité que tu continues à faire ma pub encore quelques dizaines d'années…

Merci à toutes mes amies pour votre écoute, votre capacité à me soutenir quotidiennement, à travers les petites comme les grosses épreuves de la vie. Cependant vous seriez des amies encore plus formidables si vous me rameniez le prince charmant !

Merci à Candice de rester toujours ma complice des Parents Imparfaits ! 5 ans qu'on forme ce duo, tu es presque devenue ma plus longue relation !

Merci à Sandrine d'avoir su t'immerger dans le monde des Parents Imparfaits avec autant d'adresse, d'humour et d'idées originales !

Merci à Amélie P. d'être si bienveillante, humaine, drôle, compréhensive et… patiente ! Tu es une perle. Je nous souhaite de continuer à vivre encore de nombreuses collaborations !

Merci à Johnny Depp de ton indéfectible soutien. Je sais que tu voudrais te retrouver plus souvent dans mes illustrations, que tu aimerais que j'accepte ta demande en mariage, que l'on assume notre amour dans les magazines people… cependant, toute cette lumière sur nous, ce serait trop pour moi : vivons heureux vivons cachés, et continuons à garder notre histoire secrète !

Merci à tous mes lecteurs et fans car votre enthousiasme à chacun de mes dessins publiés m'encourage à continuer <3

Dans la même collection

Mise en pages : Cipanga
Photogravure : Quadrilaser
Imprimé en 2018 chez Macrolibros en Espagne
Pour le compte des éditions Hachette Livre (Marabout)
58, rue Jean-Bleuzen, 92170 Vanves
Dépôt légal : janvier 2019

ISBN : 978-2-501-13797-3
1311503